UN MAITRE

DE LA VIE SPIRITUELLE

Le Révérend Père Edouard DORR

De la Compagnie de Jésus

UN MAITRE

DE LA VIE SPIRITUELLE

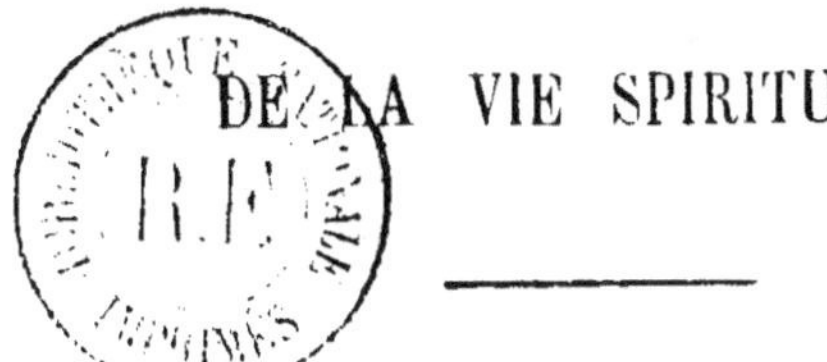

Le Révérend Père Edouard DORR

DE LA COMPAGNIE DE JÉSUS

NOTES ET SOUVENIRS

7 Février 1818. — 16 Juin 1884

PARIS
RETAUX-BRAY
Editeur
82, Rue Bonaparte

ABBEVILLE
C. PAILLART
Imprimeur Editeur
24, Rue de l'Hôtel-de-Ville

1897

AVANT-PROPOS

Le premier désir du lecteur, quand il ouvre un livre, est de connaître la pensée générale des pages qu'il se propose de parcourir : que faut-il leur demander, que peut-il en attendre ; en les écrivant quel but s'est proposé l'auteur ?

La réponse est aisée ; elle dira ce que ce livre n'est pas et ce qu'il voudrait être.

Ce livre n'est pas une histoire, et il n'y faut pas chercher la vie du Révérend Père Dorr. L'ordre qu'on a suivi n'est nullement celui des années. Cette vie n'est pas écrite ici ; le sera-t-elle jamais ? D'une part, les évènements médiocres qui la remplissent n'ont rien de piquant pour la curiosité ; de l'autre, le mystère de l'âme nous échappe.

Aucune confidence ne sera trahie, aucune des notes intimes dans lesquelles le vénéré religieux se jugeait, s'accusait et se montrait sous le regard de Dieu, n'apportera sa lumière.

La tombe du Père Dorr sera comme sa vie, discrète et silencieuse.

Donc pas d'histoire extérieure, pas même d'histoire intérieure.

Mais au-dessus de cette vie habituellement obscure, il y a une âme lumineuse, une haute vertu, un esprit ferme et lucide, un cœur singulièrement tendre et délicat sous un aspect austère, une bonté souvent cachée et souvent trahie. Il y a une œuvre aussi, celle qui, pendant une grande partie de son existence, a occupé uniquement le Père Dorr, l'œuvre de l'éducation et de la formation religieuse. Quelques-uns ont peut-être apporté à ce ministère difficile des qualités plus brillantes ou plus attrayantes, bien peu auront assemblé autant de mérites. On ose à peine les indiquer, tant ils sont nombreux et rares dans leur réunion : à côté d'une piété émi-

nente, vrai soleil de cette âme, un savoir
théologique dont les bons juges admiraient
la sûreté et l'ampleur; les principes de la
vie religieuse étudiés dans une prière perpétuelle et exposés avec une parole singulièrement puissante, malgré la débilité de la
voix; des industries sans cesse avivées par
un zèle ardent et ingénieux; la science des
saints puisée dans leurs écrits, dans l'histoire
de leur vie et souvent exprimée par leurs
propres maximes; le soin exact du détail;
enfin, ce qui achève cette louange sans l'exagérer en rien, un si parfait accord entre la
spéculation et la pratique, qu'on retracerait
l'image d'un maître excellent de l'éducation
religieuse soit avec les paroles, soit avec les
exemples du Père Dorr.

Tels sont les éléments du livre qu'on s'est
proposé d'écrire; sans raconter la vie de ce
vénérable religieux, il le montrera dans
l'œuvre capitale de son esprit et de son cœur.

Depuis longtemps, d'ailleurs, il était désiré.

C'était une tristesse, presque un remords
pour les fils et les disciples d'un tel Père et

d'un tel Maître, de le voir descendre tout
entier dans le tombeau. Pouvaient-ils le
laisser s'ensevelir dans l'oubli? Encore quelques années, le passage d'une génération et
il ne resterait, de ce grand religieux, qu'un
nom vénéré auquel ne s'attacherait aucun
souvenir précis.

Les pages qui vont suivre prescriront du
moins contre ce silence. Elles apportent un
témoignage que plusieurs peut-être voudront
compléter. Ce sont des notes qui appellent
des notes, des souvenirs qui éveilleront des
souvenirs. Ainsi pourrons-nous espérer que
d'autres mains, plus dignes et plus habiles,
avec des pierres nouvelles, élèveront un jour,
au Révérend Père Dorr, le monument qui
convient à sa mémoire.

A un témoignage, on demande la vérité et
rien que la vérité. La voici donc, mais non
pas toute la vérité. Quelques-uns penseront
que l'on pouvait aller plus loin dans la
louange, et d'autres, dans la critique, ne
point se taire sur les défauts qui se retrou-
vent chez les meilleurs, puisqu'ils sont insé-

parables de la condition humaine. Les uns et les autres ne se trompent pas. Cependant, déjà nous avons répondu aux premiers, à ceux qui pensent que nous n'allons pas assez loin dans la louange, en déclarant l'imperfection ou plutôt le caractère de ce travail. Ils n'y entendent qu'un témoin : toutefois, ce témoin en a interrogé plusieurs et il n'a rien avancé qui ne fût reconnu exact et sincère. Tous ont dit : « C'est bien le Père Dorr et c'est lui seul. »

Nous ne ferons pas une autre réponse aux seconds, à ceux qui pensent que nous n'allons pas assez loin dans la critique. Des ombres sont nécessaires à un tableau, non pas à une simple esquisse. Insister ici serait contre la loi de l'art, le sentiment du cœur et même contre la convenance. Les années, les infirmités, les épreuves firent leur œuvre ordinaire dans l'âme et dans le corps chez le Père Dorr sur le penchant de l'âge. La démarche était devenue incertaine ; l'esprit, toujours si lucide, hésitait devant une décision. Les impressions, plus vivement ressenties, furent peut-être trop vivement exprimées. Il parut à quelques-uns que des épreuves, d'ailleurs peu communes, exigeaient plus de vigueur dans le conseil et dans la décision. Nous n'avons pas à nous prononcer, et il importe peu de recevoir ces jugements ou de les discuter. L'homme que nous voudrions représenter n'est pas le Supérieur de toute une province, accablé par la dispersion de ses fils et la ruine de leurs œuvres ; ce n'est pas le religieux exilé à un âge où l'exil est meurtrier ; c'est le Jésuite avant l'heure du déclin, dans l'énergie de sa vertu, le feu de sa parole, le prestige de son caractère et de son cœur ; c'est l'incomparable éducateur ou, comme dit l'Institut de Saint-Ignace, l'instructeur de la vie religieuse. Au bas d'un portrait, il est bon d'écrire une date ; toute ressemblance étant fugitive, au bas de celui-ci nous écrirons volontiers : Le Père Dorr à cinquante ans.

Même à un portrait, l'ordre est nécessaire. Les peintres n'ont qu'à suivre celui de la nature ou plutôt de la Providence. Les écrivains, plus libres et moins heureux, doivent prévenir le lecteur de l'ordre qu'ils observent dans l'étude d'une physionomie morale.

Notre plan est très simple.

Entre les premières pages, consacrées à l'enfance et à l'adolescence du Père Dorr, et les dernières, qui racontent brièvement sa maladie et sa mort, nous montrerons :

Le principe surnaturel de ses actions ;

Le ministère de la parole dans les conférences du noviciat et du troisième an ;

Les doctrines et les méthodes de la formation religieuse ;

Le Père Maître au milieu des novices dans une journée passée aux champs. C'est un exemple après la leçon. Peut-être ne sera-t-il pas moins utile.

Après ces chapitres on a placé, sous forme d'appendice et hors cadre par conséquent, plusieurs remarques du Père Dorr sur les Exercices de saint Ignace. On n'a nullement cherché à reconstituer la grande retraite et à donner, par conséquent, une suite de méditations, de contemplations. Sur certains points plus importants, on a seulement exposé la pensée d'un homme qui avait tout étudié dans l'Ecole de notre Bienheureux Père. On retrouvera la doctrine, il est inutile d'avertir ceux qui ont connu le Maître qu'ils ne retrouveront pas l'éclat, la soudaineté, l'accent de sa parole. La fidélité du souvenir ne peut aller si loin, et même, ce qui sera fréquent, lorsque quelques lignes seront de lui et de lui seul, on reconnaîtra l'écriture, mais l'écriture isolée, séparée de celui qui la rendait si vivante et si émue.

Ce sera le sermon,... moins le prédicateur.

Tel est notre dessein. Le lecteur, connaissant maintenant tout notre but, jugera si nous l'avons atteint. Puisse-t-il, dans ces pages uniquement occupées du Père Dorr, retrouver l'écho de sa voix, le souvenir de son enseignement, le parfum de sa vertu, la leçon d'une vie que nous voulions disputer à la mort.

H.-J. LEROY, s. j.

UN
MAITRE DE LA VIE SPIRITUELLE

Le Révérend Père Edouard DORR

De la Compagnie de Jésus

I

Premières Années.

Le Révérend Père Rubillon, qui devait plus tard, à Rome, en qualité d'Assistant de France, aider le Très Révérend Père Général, Pierre Beckx, dans le gouvernement de l'Ordre, était Recteur de Saint-Acheul et Maître des novices lorsque Edouard Dorr sollicita son entrée dans la Compagnie. Le Père Rubillon consulta le Père Fournier, professeur distingué au collège de Fribourg, sous lequel le jeune candidat avait étudié la philosophie. La réponse du Père Fournier, entièrement favorable à son ancien disciple, exprimait une haute estime pour sa piété, sa vertu, son intelligence. Bref, concluait-il en résumant et en confirmant ses éloges par une aimable allusion au nom de famille d'Edouard Dorr, il remplit bien toute l'énergie de son nom : *Omnem vim nominis implet.* Une remarque toutefois, sans les amoindrir en rien, jetait une ombre sur ces belles qualités : la santé était déplorable. Le Père Rubillon se trouva très perplexe. Pouvait-il fermer la porte de la Compagnie à un jeune homme orné de tant de mérites ? Pouvait-il l'ouvrir ? Comment cette santé, déjà si délicate, suffirait-elle au long apprentissage de la vie religieuse, à ses études et à ses travaux ? Dans son embarras, ainsi qu'il le rapporta plus tard, le Maître des novices eut recours à Dieu et la pensée lui vint soudain de demander au Père Fournier si Edouard Dorr se soignait : « Pas du tout, fut-il répondu. — Eh bien, qu'il vienne ! je le soignerai, moi, et je veillerai à ce que la lame n'use pas le fourreau. »

Le Père Rubillon n'eut pas à se repentir de sa décision. Un exemple nouveau allait confirmer cette vérité d'expérience qu'un grand courage habite volontiers dans un corps débile, et que souvent une santé médiocre suffit à de grands travaux. Dans le fait, si le Père Dorr ne fut pas toujours malade, il fut toujours ou presque toujours souffrant. On se demande même si ses infirmités lui ont jamais laissé quelque trêve. En 1868, en face de nouvelles fatigues que l'obéissance allait faire peser sur ses épaules, il jugea que la conscience lui faisait un devoir d'exposer à ses supérieurs le délabrement de sa santé. Voici quelques extraits de cette lettre que, par réserve, nous ne transcrirons pas tout entière. C'est une nomenclature de cruelles infirmités, une litanie de misères.

« Mon Révérend Père Provincial,

« Je crois devoir passer par-dessus mes répugnances et vous exposer dans le détail, comme je ne l'ai pas encore fait, l'état de ma santé...

« Voici ce que je fais au Noviciat : deux conférences par semaine qui sont chacune d'une demi-heure environ, les fenêtres fermées, sans presqu'aucune animation, avec un morceau de gomme dans la bouche. Je n'ai presqu'aucune relation avec le dehors. Depuis douze ans, je vais en promenade tout seul, pour ne pas causer ; en récréation, je ne dis presque rien. Malgré toutes ces précautions, tous les ans, je me vois obligé de me faire remplacer, quelquefois pendant un temps assez considérable. Habituellement, j'ai la gorge tellement irritée, que je n'éprouve guère qu'un besoin immense de me taire. Cette irritation, en s'étendant, me rend presque sourd d'une oreille.

Aussi, il n'est pas rare que je me retire dans ma chambre une partie de la récréation, et même la récréation entière.

« Et pour avoir si peu de voix, j'emploie tous les moyens possibles : ne pas sortir par les mauvais temps, ne pas jeûner ni faire abstinence, manger trois fois de la viande par jour, sucer continuellement de la gomme arabique, me reposer aussitôt que l'irritation tourne à l'aigu, autrement survient un catarrhe qui n'en finit plus.

« J'ai demandé à deux médecins célèbres de me donner leur avis franchement. L'un m'a répondu : « Vous êtes un homme usé, il n'y a rien à faire. » L'autre : « Vous ne pouvez conserver quelque « force et prolonger votre vie qu'en mangeant « presqu'exclusivement de la viande trois fois « par jour. »

« Mais cette infirmité du larynx, provenant d'une grande faiblesse, a elle-même pour cause une autre infirmité plus grave. Je suis atteint d'un mal qui corrompt la substance des aliments,... d'un rhumatisme qui me gêne passablement pour marcher,... d'une autre misère qui me fatigue quelquefois une bonne partie de la journée.

« Toute étude un peu sérieuse m'est radicalement impossible. Si je veux me forcer sur ce point, je deviens comme hébété. Mes moyens sont très ordinaires, mais depuis mes infirmités, il y a beaucoup moins de facilité à comprendre et surtout moins de facilité à retenir.

« Cette irritation perpétuelle de la gorge, et surtout, je crois, le régime perpétuel de viande, appesantissent la tête et empêchent de suivre une idée... »

Le Père Dorr termine cette lettre, qui est encore bien longue, par une remarque : « Je crois bien que Votre Révérence et ses consulteurs ne connaissent pas mon état. C'est ma faute, j'ai toujours caché mes misères, plus par amour-propre que par vertu. »

Le Révérend Père Provincial persista dans une résolution longtemps mûrie, et l'événement justifia sa décision. Désormais, le Père Dorr, quoique toujours bien faible et souvent épuisé, ne s'arrêta plus dans son travail. Mais, on le voit, la santé avait *tenu toutes ses promesses;* elle restait ce que le Père Fournier avait dit. S'était-il trompé sous d'autres rapports, ses espérances seront-elles justifiées ? La suite répondra. Dès maintenant, on peut pressentir ce que sera le religieux en voyant ce que fut l'enfant dans la maison paternelle et l'adolescent au collège de Fribourg.

Le Père Eugène Braun, son concitoyen et son condisciple, bien que plus jeune de quelques

années, se souvient de l'impression ressentie à
Metz lorsque Edouard Dorr revint dans sa ville
natale. Ce fut une admiration vraiment universelle. On louait, dans la fleur de la jeunesse, une
réserve naturelle, une tendre piété, des manières
singulièrement nobles et courtoises, un esprit très
orné et très ouvert.

Le Père Braun ajoute :

« L'effet produit fut tel que tout un courant se
créa dans les familles vers le collège de Fribourg.... Et plus tard, par des voies providentielles très visibles, mais dont on ne peut déduire
ici l'enchaînement, la fondation du collège Saint-
Clément, à Metz, était une conséquence de ce
mouvement. »

Fribourg ! Combien de fois, et plus encore dans
les dernières années peut-être, sous la lumière
plus douce du soir, la pensée du Père Dorr se
reportait avec une indicible émotion vers ce collège
tant aimé par tous ceux qui l'ont connu. Ce nom
lui rappelait des amitiés fidèles, des exemples de
piété, et plus encore la Congrégation que dirigeait
le Père Labonde avec tant de simplicité et de
vigueur, moins par les paroles, disait l'ancien
Congréganiste, que par quelques gestes soulignant
des avis toujours les mêmes : le travail,... la
règle,... le jeu,... la dévotion à la Très Sainte-

Vierge. Ainsi se formaient tant de jeunes gens qui, plus tard, rendirent de signalés services à la cause de l'Eglise ; quelques-uns dans l'Episcopat, d'autres dans les Missions ; ceux-ci honorés de fonctions importantes dans la société ; ceux-là dévoués aux grandes œuvres de ce temps ; tous conservant une si tendre vénération au Directeur de leurs jeunes années. L'on comprenait, en écou tant le Père Dorr, ce que fut cette élite de jeunes gens envoyés par les meilleures familles de France, élevés par des maîtres choisis entre les maîtres.

Le début cependant avait été passablement orageux. Le paisible collège s'était vu soudain envahi par une foule de jeunes Français, que les malheureuses Ordonnances de Charles X privaient chez eux d'une éducation catholique. On ne s'attendait pas à ce flot, rien n'était prêt pour le recevoir et tout fut débordé. Les Pères, Suisses ou Allemands pour la plupart, connaissaient peu la langue et moins encore la fougue française. Ils eurent recours à un vieil avocat parisien, épave jetée ou laissée sur le sol helvétique par la Révolution, et devenu, sans autre vocation bien précise que la nécessité de vivre, professeur de danse et de belles manières. On espérait que la langue du disciple de Thémis, semblable — la compa-

raison dans un collège se présentait naturellement
à l'esprit — semblable donc à la lyre d'Orphée,
disciplinerait et polirait ces ardeurs. Ce fut une
scène inoubliable que la première et la dernière
séance, nous disait le Père Pourcelet de Porcelis.
Il fut chargé, pour sa part, de rendre aux douceurs de la famille quatre-vingts de ces écervelés.
Bientôt, toutefois, l'ordre se rétablit, et, jusqu'à
la guerre de Sonderbund, rien n'assombrit plus
les jours du collège, les plus heureux peut-être
dont se souviennent les annales scolaires de la
Compagnie. Témoin ce dernier trait rapporté par
le Père Dorr. On ne prévoyait que trop la défaite
des cantons catholiques, et la conséquence serait
la ruine du collège. Un samedi soir, si je ne me
trompe, quelques jours avant l'investissement de
Fribourg par les bandes protestantes, le Père
Préfet entra dans la grande salle, pour lire,
comme il le faisait ordinairement, les notes et
observations de la semaine. Le cahier redoutable
était ouvert, mais le Père Préfet semblait le parcourir vainement : pas une note inférieure, pas
même une espièglerie à signaler. « C'est trop bien,
mes chers enfants, dit enfin le Père Préfet domi-
nant à peine son émotion, Fribourg a couvert de
fleurs son tombeau. »

Avec quelle fierté attendrie le Père Dorr saluait
ce souvenir !

Pour lui, le collège continuait les traditions de la famille. Toutes les vertus s'épanouissaient dans la demeure paternelle, réjouie en ce moment par les bénédictions spirituelles et temporelles. C'était vraiment la maison chrétienne et opulente, hospitalière au pauvre, dévouée aux œuvres de la paroisse, à la gloire du Très Saint-Sacrement, largement ouverte à la meilleure compagnie, mais où les affaires et le monde respectaient les saintes exigences de la piété. Plus tard, elle traversa des adversités bien cruelles et la Croix étendit sur elle son ombre ; mais, jours de gloire ou jours d'infortune, le Père Dorr les avait également et volontairement oubliés. Quelqu'un l'a-t-il jamais entendu parler des siens ? Non, sans doute, parce que c'eût été parler de lui. Cependant, nous avons pu suppléer à ce silence en consultant les annales du couvent de la Visitation, à Metz, où deux de ses sœurs ont vécu, et une notice consacrée, par Mgr Chalandon, mort archevêque d'Aix, à la pieuse mémoire d'Elisabeth, enfant de Marie. C'était la sœur des précédentes, mais, par un sentiment de modestie, la famille ne permit point qu'elle portât, dans les pages qui racontaient sa courte existence, d'autre nom que celui de son baptême.

Ces extraits, d'ailleurs assez brefs, suffiront néanmoins pour retrouver l'influence de la famille sur les idées, les sentiments, le genre même du futur Jésuite. L'homme est déjà dans l'enfant comme l'épi dans la semence. Pour le Père Dorr en particulier, il a marché toute sa vie sur la voie ouverte à ses premiers pas, et, dans sa famille, tous les siens se ressemblent, et plus par l'âme que par la figure.

« Dieu, — disent les *Annales de la Visitation*, — bénit les soins religieux que prirent, pour élever leurs enfants, des parents grands à ses yeux par leur piété éminente et honorables devant le monde. »

M. Dorr rappelait, par sa religion, la foi des patriarches. A l'époque de la Révolution, avant d'émigrer, il avait audacieusement escaladé, pendant la nuit, les murailles de l'église, pour soustraire les saintes Espèces à une profanation imminente. Accompagné d'un ami qui partageait sa dévotion, il s'était enfui vers une forêt voisine avec son trésor, et le creux d'un arbre avait servi de tabernacle à la divine Hostie.

D'un sens judicieux, très attentive à ses devoirs, d'une bonté exquise, malgré un abord un peu froid, Madame Dorr semble avoir été le modèle de la femme chrétienne. Edouard était bien jeune quand elle mourut et les caresses maternelles manquèrent à son enfance. Sur la tombe de l'épouse et de la mère, on grava cette inscription :

De la piété chrétienne la plus éclairée
et la plus vraie
elle pratiquait modestement toutes les vertus.

Nous citons encore la Visitation :

« Sur les six enfants de Monsieur et de Madame Dorr, deux seulement s'engagèrent dans le monde. L'aînée des filles, Mademoiselle Adèle, après avoir accompli sa fonction de seconde mère envers la jeune famille, épousa M. Pécheur, conseiller à la Cour, chrétien fervent autant qu'homme du monde. L'aîné des fils reprit la maison de banque de son respectable père et transmit à tous les siens les principes religieux que lui-même avait reçus en héritage. Les quatre autres enfants choisirent Dieu pour partage. »

La première fut Mademoiselle Clémence, entrée au monastère Sainte-Marie-de-Metz, dans le courant de l'année 1835. Elle y mourut dans la trente-quatrième année de sa profession, le 19 juillet 1868. Elle a laissé le renom d'une grande âme, d'une nature vraiment privilégiée et destinée au gouvernement religieux. Chargée de la conduite du noviciat et bientôt de toute la maison, elle s'acquitta de ses fonctions avec un ensemble de qualités si rares, que ses sœurs ne craignaient pas de la comparer à l'illustre sainte dont elle portait le nom en religion : *Thérèse de Jésus.*

Plus modeste, ou du moins plus cachée dans la vie commune fut Mademoiselle Louise, restée toujours, dit sa notice, le Benjamin de la maison. Par l'âge et peut-être par l'affection, elle était plus rapprochée de son frère Edouard. Les deux enfants mêlèrent leurs premières pensées comme leurs premières années. Louise était le sacristain d'Edouard, son servant de messe et son auditeur. On a conservé dans la famille un sermon du jeune prédicateur, il n'avait pas encore dix ans. S'il n'est point destiné à prendre place parmi les chefs-d'œuvre de la chaire, il montre toutefois comme la religion s'était emparée, alors déjà, de cette âme ouverte à ses impressions. Les paroles enflammées du frère pénétraient dans l'âme de la sœur, et les deux enfants s'exhortaient avec tant de zèle à servir Dieu, qu'il fallut modérer leur ferveur, et même leur interdire l'usage des instruments de pénitence qu'ils avaient ingénieusement fabriqués. — Ce ne sont que des jeux, dira-t-on. — Heureux les enfants qui aiment ces jeux de la piété et de l'innocence, et font, en s'amusant, le noviciat de la sainteté.

Mademoiselle Louise Dorr reçut au monastère le nom de Sœur Marie-Alexis. La famille trouva très heureux le choix de ce saint et, sans doute, c'est à partir de ce moment qu'Edouard conçut pour lui une dévotion particulière dont la cause nous échappait.

L'exemple de saint Alexis, caché pendant dix-sept ans dans la maison paternelle, convenait bien à l'humble Visitandine. Il était le patron désigné en quelque manière de cette vie et de cette âme toute simple, toute modeste, toujours ravagée par la maladie et assiégée par une crainte excessive de Dieu et des hommes. La pensée des jugements éternels la secouait d'une terreur indicible, et parfois, dans sa méditation, elle tremblait de tous ses membres. Elle n'osait parler à sa supérieure, la Révérende Mère Dorr, en même temps sa Mère très honorée et sa sœur très chère; son trouble était si grand, qu'elle en perdait la mémoire et la voix. Alors son refuge était celui de saint Alexis. Dans une cage d'escalier pratiquée entre la sacristie et la chapelle, elle allait cacher sa confusion, et plus encore abriter sa dévotion pour le Très Saint-Sacrement. Elle mourut douze jours après son aînée dans le monde et dans la vocation, le 31 juillet 1868, en la fête de saint Ignace. Sa mort fut adoucie par de grandes consolations. « Votre Charité a-t-elle soif? » lui demandait une infirmière. Et elle, d'ordinaire si timide, répondait avec élan : « Oh oui, j'ai soif, j'ai soif de Dieu ! »

Quand elle vivait encore dans le monde, Mademoiselle Louise s'ouvrit de son dessein d'embrasser la vie religieuse à sa sœur Mademoiselle Elisabeth. Celle-ci, depuis la mort de la mère de famille et le mariage de la sœur aînée, gouvernait la maison paternelle. Sans en rien laisser paraître, elle écouta d'un cœur navré les confidences de sa cadette. Ces désirs ardents du sacrifice en brisaient d'autres chez elle d'une égale ardeur. Depuis longtemps, Mademoiselle Elisabeth voulait fuir le monde, répandre sa fortune dans le sein des malheureux et se donner tout entière à leur indigence sous la livrée de saint Vincent de Paul ; elle avait attendu que sa sœur, Mademoiselle Louise, fût en état de la remplacer auprès de M. Dorr. Néanmoins elle se tut, par un effort de volonté ; elle jugea humblement que sa sœur était meilleure qu'elle, qu'il était donc juste qu'elle partît la première. Sur ses instances, M. Dorr donna son consentement. Elisabeth lui restait. Elle avait beaucoup à faire à la ville et aux champs, lorsque la famille s'y installait pendant la belle saison : une grande maison à conduire, un nombreux domestique à surveiller ; mais, aussi bonne que ferme, aussi attentive à ménager le repos qu'à demander le travail, elle mérita les louanges données par l'Ecriture à la femme vigilante et forte. Dans la maison, disaient les serviteurs, chaque chose est à sa place et on peut la prendre les yeux fermés. Au collège de Fribourg, le Frère linger remarquait qu'aucune malle n'était si bien disposée que celle de M. Edouard Dorr. Ce n'est qu'un indice des traditions de famille, mais elles ne se perdront pas dans le religieux.

Mademoiselle Elisabeth avait courbé la tête, sans cesse ajourné ses espérances, mais elle portait au cœur une blessure inguérissable. Un soir, au moment où elle se disposait à descendre et à recevoir une brillante compagnie, une Sœur de Charité entra chez elle. La parure de Mademoiselle Dorr surprit la religieuse par son éclat, et elle le dit en souriant. Ce n'était qu'une plaisanterie innocente, mais qui fut vivement ressentie. La jeune fille fondit en larmes : « Ah! ma Sœur, que ne puis-je porter votre robe grise ! mais, ajouta-t-elle, en passant de l'eau froide sur ses yeux rougis, j'ai formé, ce matin, la résolution de paraître heureuse et je veux prendre mon plaisir dans mon devoir. »

Mademoiselle Elisabeth n'aimait rien du monde, et l'argent ne lui plaisait que pour le convertir en laine, en toile, en blé et le porter ou le faire porter aux malheureux, aux malades et aux mourants, ses. préférés parmi les malheureux. De splendides boucles d'oreilles, présent de son père et souvenir d'un voyage à Paris, lui semblaient vraiment insupportables. Retenue par la piété filiale, elle n'osait leur faire suivre le chemin où elle avait engagé la plupart de ses bijoux, et cependant, disait-elle, il m'est trop dur de porter ainsi, suspendue aux oreilles, la nourriture de plusieurs familles. Sur son lit de mort, où elle s'étendit âgée de trente et un ans, elle pria son pauvre père d'offrir au Très Saint-Sacrement ces pierreries désormais inutiles. Deux couronnes furent déposées sur le cercueil de Mademoiselle Elisabeth Dorr ; elles avaient été portées : l'une, par Sœur Marie-Thérèse et l'autre, par Sœur Marie-Alexis Dorr, le jour de leur profession. C'était l'hommage de la Visitation à celle qui s'était sacrifiée pour permettre à ses sœurs de suivre leur vocation ; c'était encore, sur une tombe virginale, le salut gracieux de saint François de Sales à saint Vincent de Paul.

Ces détails sur la famille du Père Dorr se justifient d'eux-mêmes. Il est bon de voir l'enfant puiser à leur source première les grands sentiments qui ont animé toute sa vie. Quelques lettres de cette époque le montrent associé aux œuvres

de ses sœurs, tantôt pour fonder une bibliothèque
de propagande, tantôt pour honorer la divine
Eucharistie, dévotion commune à toute la famille.
D'ailleurs, en le voyant chez les siens, on comprend mieux la délicatesse et le dévouement de
cette nature si bien disciplinée ; c'est un jour utile
pour mieux connaître quelques côtés de son caractère. Les souvenirs, les traditions de la famille
ont bien des fois ému et coloré la parole du
Père Dorr ; en former des liens et en répandre la
douceur dans la vie religieuse était une de ses
ambitions. Pour lui, la Compagnie fut une mère ;
avec quel accent il le disait ! Sans doute, aucun
nom, aucun souvenir intime ne jetait une note
personnelle dans l'enseignement du Jésuite, mais
le cœur voyait ce que ne disaient pas les lèvres.
Et, quand il parlait des joies de la charité, du
bonheur de la vie commune, de la sainte conta-
gion des bons exemples, est-il défendu de penser
que, dans un même amour, il confondait tous les
siens, et ceux qu'il avait quittés pour Dieu et ceux
que Dieu lui avait donnés ?

Maintenant, nous quittons Fribourg et Metz, et,
dans ces pages écrites à la mémoire du Père Dorr,
il ne sera plus question que du religieux. Cependant, nous ne le suivrons pas dans les différents
pays ni dans les différents emplois où le conduisit
la volonté des Supérieurs. Qu'importe le cadre de

la vie ? c'est la vie elle-même que nous voulons connaître par les principes qui l'ont inspirée. Le reste est un décor accessoire. Généralement, les hommes ne voient que ce décor, parce qu'ils jugent d'après les apparences ; Dieu le néglige pour regarder dans l'intention le mérite de l'action. N'est-ce pas au cœur qu'il mesure l'homme ? *Homo enim videt ea quæ parent, Dominus autem intuetur cor.* (I Reg., xvi, 7.)

II

Le Principe surnaturel.

Le vrai religieux est un homme qui s'est « trahi »
lui-même pour l'amour et à l'exemple de Jésus-
Christ : *Tradidit semetipsum pro me*, se vouant à
la gloire de Dieu, sans réserves, sans retour, sans
désir humain, sans préférence personnelle, ne
voulant que servir et être oublié. Ces paroles, qui
appartiennent au Père Dorr, expriment ce qu'il
fut lui-même et comment, de tout son cœur, il
allait vers Dieu. Sans prétendre établir une distinction absolue entre les auteurs mystiques, il avait
remarqué qu'ils se partagent en deux grandes
écoles : les uns sont plus attentifs au travail de la
mort, les autres au travail de la vie. Les premiers
ramènent plutôt la pensée de l'homme sur lui-
même et sur ses misères ; les autres le jettent
plutôt dans le sein et sur le cœur de Dieu. Il n'y a
point en réalité d'opposition essentielle entre les
doctrines ; des deux côtés, on enseigne également
et la nécessité de se perdre pour trouver Dieu et la

nécessité de trouver Dieu pour se perdre soi-même. Ainsi, dans le mouvement tout naturel de la respiration, *aspirer*, comme disent les médecins, ne va pas sans *expirer*; l'air ancien et vicié de nos poumons ne part qu'expulsé par un air frais et nouveau.

Au xvii° siècle, gênés par le voisinage des Jansénistes et l'âpreté de leur doctrine, les écrivains mystiques ont plus insisté sur la mort à soi-même, la destruction de la nature, la lutte incessante contre les défauts : théologie austère que ne réchauffaient peut-être pas assez les flammes du Sacré-Cœur! Sans méconnaître le mérite de cette spiritualité que recommandent des hommes éminents, contemporains du Père Lallemand, du Père Huby, fondateur des retraites en Bretagne, du Père Jean-Baptiste Saint-Jure, le Père Dorr préférait que l'homme, s'oubliant lui-même, fixât de préférence son regard sur Dieu. Les premières affections déréglées ou les plus grossières une fois vaincues, l'amour de Notre-Seigneur intimement connu et aimé ferait plus que de patientes et minutieuses recherches sur soi-même et les derniers refuges de l'amour-propre. On gagne plus, disait-il, à étudier Dieu dans le Sauveur qu'à s'étudier soi-même. Les Exercices de saint Ignace ne prononcent pas d'exclusion; ils demandent, ils exigent l'œuvre de mortification avant l'œuvre de résurrection ; toutefois, c'est vers celle-ci qu'ils dirigent de préférence nos efforts. Dans la contemplation des mystères du Verbe Incarné, c'est vers Jésus naissant, enseignant, souffrant, que le retraitant va d'abord, comme précipité par son amour; ensuite, il reviendra sur lui-même, il pourra, il devra songer à ses besoins : *reflectere ut fructum aliquem capiam.* — A mesure que l'âme s'élève par la succession même des méditations, la pensée de saint Ignace se précise et apparaît plus manifeste. Au pied de la Croix, et sur le seuil du saint tombeau glorifié par la Résurrection, il ne veut plus d'autres douleurs et d'autres joies, douleurs intimes, joies intérieures, que les douleurs ou les joies de Notre-Seigneur.

Telle est la spiritualité des Exercices, et telle, par conséquent celle du Père Dorr qui les a tant étudiés. Certes, sa dévotion fut très tendre et très suave, mais en même temps raisonnable et doctrinale. En cela, nulle contradiction. N'est-ce pas du même Esprit que découlent le don d'Intelligence et le don de Piété ?

La Sœur Marie-Alexis recevait, à la Visitation, les lignes suivantes dans lesquelles son frère exprime bien ces pensées :

« Il me semble, ma bien chère Sœur, que vous pensez trop à vous, que vous vous occupez trop de vous-même. Oublions-nous : dans le fait, nous ne sommes pas plus dignes de fixer nos propres regards que les regards des autres. »

Les conseils donnés étaient en même temps retenus et pratiqués. En octobre 1854, au cours d'une grande retraite, le Père Dorr arrêtait pour lui-même les grandes lignes de sa vie religieuse. Interrogeant les lumières qu'il avait reçues, en même temps que les nécessités de son âme, il écrivait des résolutions sur lesquelles, et jusqu'à la fin, il ne devait plus revenir que pour les confirmer. Elles ont été écrites sur une feuille jaunie par le temps et plus encore par un fréquent usage. Souvent un mot, un texte de l'Ecriture s'ajoute entre ses lignes pressées, c'est une nouvelle lumière, un souvenir laissé par une retraite plus récente.

Voici ces résolutions dans leur substance :

« Me réjouir dans le Seigneur pauvre, souffrant, humilié, me réjouir dans l'accomplissement de sa volonté : *Delectare in Domino Jesu, paupere, patiente et humiliato et adimpletione voluntatis ejus et ipse dabit petitiones cordis tui.* »

« Aller à lui par le cœur : cette fin doit tout dominer.

« Et puis, abandonner le reste au bon Dieu ; pas d'inutiles retours d'amour-propre, pas de calculs : *Omnem sollicitudinem projicientes in eum, quoniam ipsi cura est de nobis.*

« Rien n'est plus à craindre que la crainte.

« Se souffrir et se supporter tel qu'on est physiquement et moralement.

« Voilà le premier et le principal objet de la patience : s'oublier !

« Que demande saint Jean de la Croix ? — Seigneur, souffrir, être méprisé pour vous.

« O Jésus, miséricorde ! O mon amour, je m'abandonne à vous pour votre plus grande gloire, par ma confusion..... *Fiat mihi secundum Verbum tuum....* Il me semble qu'en m'abandonnant ainsi, je me jette dans un abîme, mais cet abîme est le cœur de mon Dieu. Que ne puis-je m'y perdre moi-même et ne plus me retrouver ! »

Il continue, s'exhortant lui-même et s'armant contre toute défiance :

« Avec le souvenir de mon amour infini, vous aurez continuellement devant les yeux vos fautes passées, les infidélités de votre cœur, la tiédeur et l'inutilité de votre vie. Alors, on se trouve dans l'humilité et la vérité. C'est l'abîme qui appelle l'abîme, un abîme de misères appelant un abîme de miséricordes : *Tunc abyssus abyssum vocat, abyssus miseriæ abyssus misericordiæ.*

« Pourquoi cacher mes misères à Dieu ! Mais le pauvre qui mendie n'exagère-t-il pas ses maux ?

« L'indigence a une voix bien forte sur le cœur de Dieu, quand elle a le sentiment d'elle-même : *Silentium meum loquitur tibi.*

« Ces misères sont une source d'humiliations, par conséquent d'humilité et de grâces. Ces misères sont comme un pressoir d'amour : *Cui minus dimittitur, minus diligit.*

« Je devrais même désirer que le monde entier connût ces misères, afin que la miséricorde de Dieu en fût glorifiée, et moi, apprécié à ma juste valeur. Peut-être aussi me ferait-on l'aumône de plus de prières. On ne songe pas à donner à ceux qui paraissent riches ! »

Le reste est une suite d'industries qui concernent tantôt l'examen particulier poussé avec une grande vigueur, tantôt la pratique de la vertu et spécialement d'une vertu de prédilection : la charité fraternelle, tantôt enfin des précautions à prendre contre l'imagination, la langue, le respect humain, l'humeur, l'orgueil, le silence de timidité, la gêne où le réduisent ses infirmités et ce qu'il appelle son inutilité.

Enfin, il trace les limites du bien toujours possible à un cœur que dilate la charité catholique, à un cœur semblable à celui de saint Paul, dont saint Jean Chrysostôme a dit qu'il était grand comme le monde : *Cor Pauli, cor mundi.*

« Diminuer le mal.

« Préparer au bien.

« Faire passer du mal au bien.

« Faire passer du bien au mieux.

« Faire passer du mieux au parfait.

« Faire faire le bien par d'autres,... se multiplier.

« S'associer de tout cœur à tout le bien qui se fait : *Particeps ego sum omnium timentium te.*

« Gémir de tout le mal : *Despectio tenuit me pro peccatoribus terræ.* »

Autres sont les résolutions, autres sont les actions. Ce fut vrai, mais ici, dans un sens peu ordinaire. La réalité dépassa la promesse. On pourra facilement en juger par les souvenirs que nous retrouverons en suivant le Père Dorr ; sa vie tout entière est dominée par la religion, le respect de la majesté infinie, le soin délicat de ses exercices de piété. « N'en jamais rien omettre sans une nécessité absolue, les protéger par le principe d'avance, si l'on prévoit quelque obstacle. » Telles étaient ses maximes souvent répétées : « Il faut traiter Dieu en Dieu, disait-il. — Le sans-gène de

la créature vis-à-vis du Créateur a quelque chose
d'horrible. — Ne vous mettez pas à genoux sans
savoir ce que vous dites ou ce que vous faites : le
bon Dieu n'en saurait rien non plus. »

L'oraison était vraiment un exercice capital
auquel il se préparait, ne négligeant rien, n'abandonnant rien au hasard, comme un excellent capitaine à une bataille. On peut ne pas réussir, on ne
doit négliger aucun moyen de réussir. Avec quel
soin il suivait les recommandations faites par
saint Ignace à celui qui veut méditer! Aucune
n'était omise. Dès la fin de la journée, il se préparait, par un recueillement plus profond, à l'oraison
du lendemain. Comme saint Jean Berchmans, il
aurait voulu trouver, dans la récréation du soir,
un secours pour mieux faire sa méditation ; il la
confiait à la nuit et au sommeil, se reposant sur
leur puissance mystérieuse de mûrir nos pensées.
Ainsi, le sujet s'imbibait en quelque manière dans
l'esprit, et les heures de repos n'étaient point
perdues. Au premier instant du réveil (ce sont
toujours ses expressions), il était comme le soldat
qui revêt son armure ou comme le marchand qui
se hâte d'ajouter le gain de la journée au gain
de la veille. Pourquoi ce soin? Les premières
pensées sont les plus fortes ; le matin, l'intelligence de l'homme est comme celle de l'enfant :

très ouverte, toute neuve ou toute blanche ; on peut imprimer.

Lorsqu'il entrait en oraison, il regardait la majesté de Dieu comme un océan d'amour, de miséricordes et de toutes les perfections, dans lequel il allait se plonger. Ou bien c'était Dieu encore, le Souverain Maître, incliné sur son trône pour entendre la prière de son serviteur. Cette grande pensée revenait toujours la même et toujours variée, car il ne voulait rien de languissant dans ses relations avec Dieu. Ainsi, chaque saison liturgique, chaque fête de l'année lui apportait son fruit spécial et entretenait sa ferveur. Dans les maisons de la Compagnie, il aimait que les images des saints l'invitassent à la prière et il voulait retrouver, sur leurs lèvres toujours vivantes : *ad interpellandum*, leurs maximes préférées. Même dans un pays inconnu, il excellait à se créer ou à retrouver mentalement les lieux chers à sa dévotion. Jeté, par la dispersion de 1880, dans une maison anglaise environnée d'une vaste campagne, il avait adopté un chemin solitaire et il y faisait, chaque jour, une sorte de pèlerinage mystique. Là, se souvenant des églises et des chapelles violées en France par l'apposition impie des scellés, il s'agenouillait en esprit sur leur seuil et priait en réparation de l'outrage fait au Très Saint-Sacrement.

Que d'autres, plus instruits, pensait-il, et plus avancés dans les voies de Dieu, jugent inutiles ces recherches ou cette mise en scène de la piété, lui y recourait humblement pour fixer dans le Seigneur son esprit facilement distrait.

Une autre recommandation de saint Ignace, bien justifiée par l'observation de la nature humaine, est d'entrer dans le mystère, de se mêler aux personnages de l'Evangile, de voir, de parler, d'entendre, d'agir comme le suggèrent le temps et les lieux. Quand nous récitons l'*Ave Maria*, remarquait le Père Dorr, nous ne saluons pas une personne absente : elle nous voit, la Bienheureuse Vierge, elle nous entend. Aussi, comme il entrait pleinement dans la pensée et la méthode de son Père saint Ignace ! S'il retraçait les scènes de la vie et de la mort ou de la résurrection de Notre-Seigneur, on croyait moins entendre un narrateur ou un prédicateur qu'un témoin et un voyant. Un missionnaire de Chine, son ancien novice, son ancien tertiaire, l'un de ses fils de prédilection, rend bien cette impression... Il répond à une lettre qui lui annonçait le départ du Père Dorr pour un monde meilleur :

« Le Bon Dieu vous réservait cette douleur et cette consolation de perdre notre bien-aimé Père, de vous séparer de lui, mais aussi d'être présent, d'assister à son bienheureux passage, de recevoir les dernières paroles d'un saint et de le suivre presque dans le Ciel quand il y montait...

« En vous lisant, le pauvre cœur s'est fendu et il a éclaté. J'ai vu le Père Dorr sur son lit, je l'ai vu remuer ses lèvres pour prier avec cette énergie de sa volonté toute en Dieu. Les saints le sont aussi dans leur délire... Merci de m'avoir associé, dans votre pensée, à vos veilles près du cher malade.

« Quelle fête a été pour son cœur celle du Sacré-Cœur au Ciel ! Je me rappelle le sanglot réprimé qui lui échappa, pendant la méditation de l'Ascension à la Grande Retraite. Lorsqu'il eut en quelque sorte placé Notre-Seigneur en sûreté dans le Ciel, à l'abri des Juifs, des méchants, dans son état d'impassibilité et de bonheur inaltérable,... son Bien-Aimé ne pouvait plus souffrir... Et il le montrait dans son règne éternel : *et regni ejus non erit finis...* »

Cette même piété inspirait toutes ses actions ; mais, pour prendre le terme de la liturgie, l'*Action* par excellence, la *Messe*. A l'autel, sous le vêtement des rites ecclésiastiques, sa dévotion semblait resplendir. Un jeune prêtre, récemment admis au noviciat, cherchant à exprimer l'impression de saisissement qu'il ressentait en voyant le Père Maître célébrer, disait, comme ébloui par la grande dignité du sacrificateur et la majesté de toute sa personne en ce moment : On croirait voir Louis XIV ! — En tout cas, c'était un Louis XIV repentant : l'humilité soulignait bien des passages de la Messe et en particulier le *Nobis quoque peccatoribus* et le *Domine, non sum dignus*, dits avec un accent pénétré, et jetés, comme le cri de la pénitence, dans le grand silence qui suit l'Elévation et précède la Communion. Plus tard, cette piété, sans s'éteindre, sembla se voiler. On vit le Père Dorr, à certaines époques, dire, avec quelque précipitation, les prières du sacrifice, les coupant de gestes toujours exacts, mais rapides et heurtés. Plus d'une fois la Messe fut achevée avant la demi-heure assignée à ses prêtres par la Compagnie. Nul cependant n'était scandalisé. On savait que le célébrant avait peur de sa dévotion, qu'il craignait d'être arrêté et comme emporté par un torrent de larmes.

Il avait moins à craindre dans la solitude de son action de grâces, qu'il faisait assez souvent en pressant de ses lèvres et de ses mains les pieds de Notre-Seigneur en croix. Il ne voulait pas la terminer avant la demi-heure.

Du reste, dans les dernières années de sa vie, les larmes coulaient aisément, et il ne savait plus les retenir. Etait-ce la débilité? Peut-être, mais aussi la piété et ses eaux vives. Le don des larmes pouvait bien récompenser la pureté de son cœur et l'extrême délicatesse de sa conscience. Le saint tribunal où il allait si souvent chercher la grâce de l'absolution, était chaque fois couvert de cette rosée de la pénitence.

Il ne refusait de larmes à personne, excepté à lui-même. Que de fois il a pleuré sur les malheurs de l'Eglise ou de la Compagnie, sur les épreuves de ses frères! Mais son sentiment le plus vif comme le plus habituel était celui de l'admiration. C'est sur la beauté des œuvres divines qu'il a répandu ses larmes les plus abondantes et les plus délicieuses. L'âme des saints était le perpétuel objet de sa reconnaissance et de son attendrissement.

Rien n'égalait sa joie lorsque la conversation prenait un tour spirituel et que les traits édifiants s'y succédaient, dits tantôt par l'un, tantôt par l'autre. Son bonheur était si vif alors, qu'il semblait, à certains jours de congé, perdre la notion du temps, et les heures passaient sans qu'il y prît garde. Les jeunes religieux qu'il formait, ont eu recours bien souvent à cet innocent artifice pour le retenir dans leur compagnie. Au contraire, la conversation s'engageait-elle sur un terrain profane, sa physionomie prenait une sorte d'expression douloureuse. « Ah ! disait-il, je n'ai rien entendu d'incisif. »

Comment n'aurait-il pas cherché Dieu dans la conversation de ses frères ou de ses fils, lui qui ne vivait et ne respirait que dans une atmosphère surnaturelle? S'il aimait, dans les heures de loisir, un agréable enjouement, quelquefois même des paroles, non point blessantes, mais du moins piquantes, il ne tolérait en rien cette langue abaissée et vulgaire, discourtoise et peu chrétienne, l'un des signes les plus accusés et les plus malheureux de notre décadence. De cette langue, aucun mot ne trouvait grâce devant lui. Un novice avait dit, sans penser à mal, bien évidemment, que ce n'était point toujours facile de se trouver aux prises avec les marmots ou la marmaille d'un collège. L'expression n'était pas heureuse, mais comme elle fut reprise avec sévérité ! « Eh bien, mon frère, vous témoignez d'un grand respect pour les enfants que Dieu confie aux Anges Gardiens ! »

Chaque mois, chaque temps de l'année lui servait à raviver l'esprit et les pratiques des dévotions les plus nécessaires. Toutes semblaient remarquables et insignes en lui et tenir largement dans son cœur. Cette question fut posée un jour en troisième an : « Qui l'emporte chez notre Père Instructeur, de la dévotion à saint Joseph ou de

la dévotion aux saints Anges ? — Mais, fut-il
répondu, sans l'ombre d'un doute, c'est la dévotion à saint Joseph ! — Hum ! fit le premier, voyez
comme il est souvent question des saints Anges,
et chaque fois que leur nom est prononcé, comme
le Père passe vite avec un léger fléchissement de
la voix qui marque bien l'émotion. — C'est vrai,
convint l'interlocuteur qui n'était plus si complètement de son premier avis. Il faudra voir... » Et,
naturellement, il ne vit rien : le cœur ne laissait
pas lire ses secrets.

A première vue, toutefois, saint Joseph semblait l'emporter. Peu d'hommes ont fait plus que
le Père Dorr pour la gloire du saint Patriarche
de Nazareth. Il aimait à lui susciter des serviteurs
et des clients. Il y réussit visiblement, aidé par la
Providence, à Saint-Acheul d'Amiens et à Saint-
Vincent de Laon. Là, sont fondés et fleurissent
deux pèlerinages établis par ses soins pieux. A
Laon, dans un pays ravagé par l'indifférence,
l'Archiprêtre de la cathédrale disait que, parmi
les milliers d'associés à l'Archiconfrérie de Saint-
Joseph, aucun n'était mort sans les secours de la
religion. Le succès du pèlerinage de saint Joseph
de Saint-Acheul a été éclatant et grandit encore.
A certains jours, l'affluence des fidèles est telle
que l'église étant remplie et débordante, la place
voisine est encore noire de monde, et la large rue

du faubourg de Noyon, qui conduit de la ville au sanctuaire, tout animée par le mouvement incessant des pèlerins. Ainsi les foules obéissent toujours à Dieu et au désir de ses serviteurs. Bien peu se souviennent du Père Dorr, mais, dans sa tombe oubliée, les honneurs rendus à saint Joseph réjouissent ses ossements.

Par Joseph, il allait à Marie. D'elle, il parlait ou entendait parler avec délices. Jamais la louange n'était exagérée. Il disait en souriant : « On peut aller plus loin. » Le discours venait-il à tarir ? Volontiers il eût répété le propos du Frère Firmin, l'humble stigmatisé de Saint-Acheul qu'il assista dans la mort : « Inventez, mon Père, inventez ; de la Très Sainte Vierge Marie, ce sera toujours vrai. » Sans être moins pieux, l'enseignement du Père Dorr prêtait moins à l'imagination : c'est d'abord dans l'Evangile qu'il cherchait la Bienheureuse Vierge Marie : *Et erat Mater Jesu ibi.*

« Aurai-je jamais, disait-il, quelque confiance d'appartenir à Jésus, si je n'appartiens à la Mère de Jésus ? Les deux sont inséparables. »

Comme exemples de son genre, on pourra lire, non sans fruit, une feuille distribuée au noviciat quelques jours avant le mois de Mai ; c'est un ensemble de conseils sur la dévotion à Notre-Dame.

MOIS DE MARIE

C'EST LE MOIS LE PLUS BEAU

> « Je n'aurai ni trève ni repos, que je
> n'aie obtenu une tendre dévotion pour
> Marie, ma Mère. »
>
> BERCHMANS.

LA FIN

Développer de plus en plus dans son cœur la dévotion envers Marie, notre bonne Mère, et nous efforcer de devenir ses dignes enfants par l'imitation de ses vertus, surtout de son incomparable pureté.

Les Pratiques ou les douze étoiles de notre Mère :

I. *Demander la bénédiction maternelle de Marie après le lever et avant le coucher, en se mettant respectueusement à genoux :* Nos cum prole pia benedicat Virgo Maria. — *On pourrait aussi, le matin et le soir, prononcer doucement le nom de Marie avec celui de Jésus et de Joseph, afin que chaque jour ce soient les premières et dernières paroles qui sortent de nos lèvres et qu'entendent nos oreilles. — La nuit, s'endormir avec son chapelet, et, la nuit comme le jour, se rappeler que, portant sans cesse, sur le cœur, avec le scapulaire, l'image de la Vierge sans tache, on doit être un ange.*

Honorer, par la promptitude à se lever, le premier instant de la vie immaculée de Marie et lui offrir ainsi les prémices d'une journée qui doit lui être toute consacrée.

II. *Faire une visite à sa statue. C'est le pèlerinage de chaque jour. Profiter de ses images que l'on peut rencontrer.*

III. *User plus fréquemment d'oraisons jaculatoires :* Per sanctissimam virginitatem et immaculatam conceptionem, munda cor meum et carnem meam, o purissima Virgo Maria ! — O ma Souveraine, ô ma Mère, souvenez-vous que je suis à vous, votre serviteur, défendez-moi comme votre bien, comme votre chose. — Doux Cœur de Marie, soyez mon salut. — Monstra te esse Matrem. — Mater Dei, Mater mea (St Stanislas). — *Une image de la Sainte Vierge que l'on aurait sous les yeux, serait d'un grand secours pour exciter ces saintes affections.*

IV. *S'imposer une pratique de pénitence en plus, chaque semaine, par exemple le samedi.*

V. *Observer avec plus de soin la modestie, gardienne de la vertu angélique, afin de ressembler à notre Mère immaculée.*

VI. *Dire avec plus de ferveur le Chapelet, le* Regina Cœli *ou l'*Angelus, *l'*Ave Maria *qu'il ne* *faut pas oublier en entrant dans la chambre ou lorsqu'on en sort.*

VII. *Lire quelques livres sur la Sainte Vierge, s'efforcer de mettre la conversation sur cette bonne Mère, et écouter avec foi et bonheur tout ce qu'on nous dira de sa puissance et de sa bonté.*

VIII. *Faire ses méditations ou contemplations sur les mystères de la Sainte Vierge (Mystères spéciaux : Immaculée-Conception, Nativité, Présentation, ou autres mystères dans lesquels Marie paraîtrait comme au premier plan : Annonciation, Nativité, Présentation, Fuite en Égypte, Nazareth, Noces de Cana, Calvaire...) Faire ses méditations sur les vertus de Marie. Dire lentement les prières qui lui sont consacrées.*

IX. *Regarder chaque samedi comme un jour de fête.*

X. *Se transporter en esprit aux pèlerinages les plus célèbres de Marie, et s'unir de cœur à ceux qui ont le bonheur de les visiter.*

XI. *Se consacrer chaque jour à Marie, et, si on a fait le vœu de défendre son honneur et en particulier son Immaculée-Conception, le renouveler avec ferveur en promettant d'être toujours le dévoué chevalier de Notre-Dame.*

XII. *Prier pour que Marie soit bien honorée pendant ce mois par tous les fidèles et par tous les membres de la petite Compagnie de son divin Fils.*

Pour mériter les faveurs de Marie, dit Berchmans, il suffit du plus léger hommage, pourvu qu'il soit constant.

D'autres industries sanctifiaient d'autres mois. *Janvier* était consacré aux mystères de la Crèche et à la Sainte-Enfance; *Février*, aux saints martyrs. — Le Père Dorr a, toute sa vie, soupiré après les missions, et, comme il l'écrivait un jour à propos du Bienheureux Charles Spinola, il souhaitait vivre comme un candidat au martyre. Lorsque, disait-il encore, nous inclinons la tête en prononçant le *Gloria Patri*, rappelons-nous les martyrs et leur tête tranchée par le glaive. *Mars* appartenait à saint Joseph, *Avril*, aux mystères de la Résurrection, *Juin*, au Sacré-Cœur, *Juillet*, à saint Ignace, *Octobre*, à la dévotion angélique, *Novembre*, aux âmes du Purgatoire. « Nous oublions trop nos chers défunts, » disait saint François de Sales, mais lui ne les oubliait jamais. Il attendait, il désirait, il préparait, dans la mesure d'une influence discrète, mais qui ne perdait aucune occasion, le moment où l'Eglise universelle permettrait à tous les prêtres d'offrir trois fois le Saint Sacrifice, le second jour de novembre, en la Commémoraison des fidèles trépassés. — A la lecture de ces dernières lignes, si quelqu'un, prêtre ou laïque, croyait pouvoir aider ce mouvement de la piété catholique, il exaucerait un désir suprême du Père Dorr, l'un de ces désirs qui ne meurent pas avec la mort.

Aucune dévotion n'était oubliée. En quelques lignes il en indiquait la doctrine, l'esprit, l'efficacité, la pratique toujours la plus simple et la plus naturelle.

Parler et faire sont deux choses, mais ce vénérable religieux n'était point de ces prédicateurs qu'il est bon d'entendre et mauvais de voir. L'exemple, chez lui comme chez son divin Maitre, précédait la leçon : *Cœpit facere et docere.* — Un pieux coadjuteur, venu d'Alsace, et ne comprenant encore bien que la langue de son pays, regardait le Père Maitre : c'était sa première manière d'apprendre les règles de la vie religieuse.

Cette dévotion généreuse, sincère, active, donnait leur essor à toutes les vertus. Déjà nous avons vu le Père Dorr s'attacher de tout son cœur à Dieu par la foi, par la prière; déjà nous avons vu les maximes de l'éternelle vérité, la pensée et le désir du Ciel occuper toute son âme. Nous ne savons rien de spécial sur l'austérité et la pénitence de cet homme qui sentait le cilice, comme on a dit, mais dérobait à tous le secret de ses mortifications. Il n'aurait point consenti (ce sont toujours ses paroles) à vivre *à frais communs*, et se croyait redevable au trésor ou au budget de la Compagnie de sa large part de sacrifices. — D'autres ont apporté des richesses spirituelles ; moi, pensait-il, je ne lui ai apporté que des dettes. — Bientôt, nous le verrons saintement avare de son temps, malgré ses charges et ses infirmités, suffire, par une économie des moindres parcelles, à un travail qui étonne et confond. — La mort dit la vérité des choses : elle montrera dans son âme la sincérité et la splendeur de son obéissance ; en ce moment, nous ne nous arrêterons que sur deux vertus : l'humilité et la charité, non pas qu'elles fussent supérieures aux autres, mais parce qu'elles étaient plus visibles et plus sensibles. Le premier rang, la charge de supérieur donne plus d'éclat à l'humilité et fournit plus d'occasions d'exercer la charité. Les deux nous sont recommandées par le Sacré-Cœur comme celles qu'il faut d'abord apprendre de Lui : *Discite a me quia mitis sum et humilis corde.*

L'Humilité.

Cet homme, orné de tant de grâces divines et
de qualités humaines, très fin littérateur, théologien éminent par l'étendue et la sûreté de son
savoir, frappant d'admiration le Père Bucceroni
qui en a hautement témoigné, causeur charmant
aux heures de récréation et d'une politesse exquise ; dans ses conférences, malgré la faiblesse
de sa voix, par l'ardeur de sa pensée et le mouvement de sa parole atteignant, à nos yeux du
moins, les limites de l'éloquence connue ; cet
homme ne se croyait supporté par ses Frères que
grâce à un prodige de leur charité ; il se jugeait
presque sans esprit, sans intelligence, inutile à
tous. En face du devoir, il prenait sur lui-même,
et alors, l'humilité ne pouvait rien contre l'obéissance ; il était ce qu'il devait être. Mais devant les
étrangers, le sentiment de son néant le paralysait
à ce point que plusieurs fois, par des hommes de
grand mérite, mais précipités dans leurs jugements, il fut regardé comme bien médiocre et
« au-dessous de ses affaires. »

Des religieuses l'avaient prié, pendant les vacances, d'accepter la direction de leur retraite. A

cette demande, il eut dans les yeux comme un éclair de joie maligne : « Oh! quel bon tour à jouer! » dit-il en souriant et en se frottant les mains suivant son habitude. « Ce serait d'accepter et de donner cette retraite; mais non, elles sont trop bonnes, trop dévouées, je ne puis leur infliger un tel châtinent! » Et comme le compagnon du Père Dorr ne comprenait pas, que les mots n'arrivaient plus à ses oreilles avec leur sens ordinaire, qu'il ne parvenait pas à associer l'idée d'une retraite donnée par un directeur incomparable à celle d'une punition, sa figure exprima un tel étonnement qu'une explication devint nécessaire. « Vous et nos Pères, ajouta le Père Dorr, vous me tolérez.... je ne sais pas pourquoi, parce que c'est le devoir de l'obéissance, parce que je vous apporte un tas de choses copiées dans les auteurs.... » Le compagnon voulait objecter encore, mais il perdit son grec et son latin : tous ses arguments furent outrageusement battus. Néanmoins, ainsi qu'il arrive d'ordinaire après une discussion, il demeura dans son sentiment et ne fut pas étonné de le voir partagé par les bonnes religieuses auxquelles il transmit la réponse et le refus du Père Dorr.

Ah! comme il était humble, comme il aimait dans les petits enfants et surtout dans l'Enfant de la Crèche, la simplicité et la docilité! A son

exemple, il aurait voulu ne rien faire que dans
l'obéissance. « Mon Frère, disait-il à un Frère
coadjuteur, en quittant sa chambre, dois-je
prendre mon parapluie ou le laisser ? » — Pourquoi cette demande ? C'est que, même dans un
détail insignifiant, sa joie, son bonheur était d'accomplir la volonté d'autrui.

Sur le chemin, pour régler son allure, diviser
le temps, déterminer le but d'une promenade, il
consultait le désir du prochain. « Préférez-vous
réciter le Bréviaire en vous promenant ou à la
maison ? » demandait-il à un jeune professeur. Et
à ce moment, il était Provincial et faisait la visite
du collège ; mais sa demande lui semblait toute
naturelle : il s'était habitué à voir et à servir le
Seigneur dans le moindre de ses Frères.

Ils étaient donc suivis à la lettre les conseils
qu'il avait donnés sur l'humilité et que l'un des
Pères du troisième an a élégamment traduits :

« Dans les moindres détails, cherchez la dépendance.
Estimez, chérissez la plus simple observance.
Aimez d'être repris de l'acte le meilleur.
Du mal qu'on montre en vous, convenez sans aigreur.
A vos frères l'honneur, à vous les sacrifices.
Faites-vous peu servir, prodiguez les services. »

Ces derniers vers rappellent un trait où l'humilité se joint à la charité. Il a pour théâtre le bord
de la mer. Sur l'ordre formel des Supérieurs, le

Père Dorr y était venu chercher un peu de repos et respirer un air salubre. Mais quelle n'était point sa confusion, au cours de ce qu'il appelait une villégiature scandaleuse, car il trouvait excessive la moindre dépense faite pour lui et, peut-être, craignait-il aussi d'encourager, par son exemple, ces mœurs vagabondes et *locomobiles* qui amènent, au sein de tant de familles, paisibles jadis, agitées aujourd'hui, le dégoût des devoirs et des habitudes du foyer. — Mais, fermons cette parenthèse et revenons à nos promeneurs qui, toutefois, ne ressemblaient guère à des touristes. — « Mon Père, disait le Père Dorr, vous êtes fatigué, un peu souffrant, de grâce laissez-moi porter votre manteau, au moins quelques moments ! » — Le Père se récria : il était moins fatigué, moins souffrant, plus jeune que son vénéré compagnon. Le Père Dorr en conçut une telle peine qu'incapable de la dissimuler, il s'écria en versant des larmes : « Hélas ! je suis inutile à tous, je ne suis capable de rendre aucun service ! »

La Charité.

Le Maître avait dit à ses disciples : « Aimez-vous les uns les autres ; à ce signe, on reconnaîtra que vous êtes les miens. » — Ce signe, le Père

Dorr le portait au plus profond de l'âme et pour
ainsi dire tout palpitant dans son cœur ; sur son
front, il n'était pas toujours aussi visible. Le
Père Félix écrivait, dans une note intime retrou-
vée après sa mort, que sa grande souffrance était
de ne pouvoir exprimer la charité fraternelle qui
débordait dans son cœur. Il n'était pas le seul : que
d'hommes et de religieux sont meilleurs au fond
qu'à la surface ! Les disciplines ou les devoirs de
la vie, les convenances, assez souvent une crainte
ou une timidité naturelle attachent sur le visage
un masque rigide ou austère ; le sentiment refoulé
conserve toute sa chaleur. Sous ce rapport aussi,
le Père Dorr tenait de sa famille. Une sorte de
défiance semble avoir voilé, chez tous les siens,
chez son admirable mère en particulier, la bonté
d'un cœur très tendre, très délicat, mais armé
contre lui-même, et par je ne sais quelle pudeur
redoutant de se manifester.

Et cependant ce bon Père Dorr aimait indici-
blement les fils que la Providence lui confiait.
Il n'était heureux que dans leur compagnie. L'en
arracher, c'était lui briser le cœur. Il ressentait ce
déchirement chaque fois qu'une génération de
novices ou de Pères tertiaires s'éloignait, mais il
ensevelissait son chagrin aux pieds de Notre-
Seigneur, méditant sur cette parole que le Maître

a prononcée dans la tristesse des adieux, pour rappeler aux siens que toute séparation est temporaire : *Iterum modicum et videbitis me.*

Il ne voulait dans les cœurs aucune amertune, aucune souffrance qui pût amoindrir la charité. Aucune pensée ne revenait plus habituellement dans ses conférences. « Il n'est pas rare, disait-il, d'avoir été blessé par un jugement sévère, d'être découragé dans une œuvre ou dans un travail, de chercher du secours dans une épreuve et de se heurter à un obstacle, de se trouver délaissé quand on avait besoin d'être soutenu... Oublions ces misères,... pardonnons à nos frères,... pardonnons à nos supérieurs. »

Y avait-il un peu d'excès dans cette insistance ? Ce fut l'avis d'un ancien novice du Père Dorr, à qui le Père Instructeur avait dit, dès le début d'une nouvelle année: « Vous m'avertirez, mon Père, lorsque je rabâcherai trop souvent les mêmes choses. » Vers la fin de l'année, le conseiller jugea l'heure venue d'exercer son office : « Mon Révérend Père, vous nous parlez vraiment trop de la charité fraternelle et du pardon des injures. » Ce fut un succès renouvelé de Grenade. Le Père Dorr reprenait avec la vivacité de l'archevêque défendant ses homélies bien-aimées : « Comment, trop souvent ! J'ai trop insisté sur la charité fraternelle ! Mais, pas assez, non, pas assez... » Et il descendit précipitamment à la salle des conférences, l'heure étant venue, pour insister et ouvrir encore son cœur aux flammes de la charité. Aussi bien les disciples de Jean l'Evangéliste avaient-ils eu mauvaise grâce à vouloir changer ses discours et entendre de lui autre chose que le commandement du Maître : *Hoc est præceptum meum ut diligatis invicem sicut dilexi vos.*

Parmi les vertus de saint Ignace, il aimait, il honorait la bénignité de ses jugements, si connue, disait-il, dans les premières années de la Compagnie. Comme son bienheureux Père, il avait en horreur les interprétations peu bienveillantes. Il était prompt à croire le bien, dût-il l'exagérer. Si c'est une erreur, c'est l'erreur des saints.

En 1868, le Père Dorr avait quitté Saint-Acheul et la direction des novices ; l'obéissance l'envoyait à Laon où il devait succéder au Révérend Père Fouillot, de si grand souvenir. Les évènements de 1870 le ramenèrent à Amiens. Il y passa l'année terrible. Habituellement, ses anciens novices lui servaient la Messe. Par suite d'une coutume qui sentait l'ancien régent de classes, l'ancien Préfet de discipline, il donnait à chacun des servants une note particulière : *a*, *œ*, *c*, peut-être pour reprendre la langue des collèges et désigner un degré ou une nuance dans la piété, l'exactitude aux cérémonies... Cela devait être, cela n'était pas. Dans la réalité, chacun de ses fils d'autrefois avait un *a*, un grand *A*. N'étant plus chargé de leur formation, ses yeux se fermaient sur leurs défauts, pour ne plus voir que leurs belles qualités.

Il était tel pour les siens et tel pour les étrangers. Pendant son séjour en Angleterre, il apprit que la famille G..., propriétaire de la maison que nous occupions, permettait aux personnes du dehors de visiter, tous les mercredis, une galerie de statues et de tableaux. « Quelle charité de la part de cette bonne famille, dit-il, et quelle attention pour faire plaisir au prochain ! » Entre plusieurs intentions possibles, il choisissait toujours la meilleure.

Un érudit lui écrivait un jour... en érudit. Quelle lettre ! des renvois, des ratures, des surcharges, des corrections, des additions, et cela, de la tête ou de l'en-tête illisible, jusqu'à la signature indéchiffrable. Cette appréciation n'était pas celle du Père Dorr : il était tout entier à l'admiration et à la reconnaissance. « Ce bon Père, remarquait-il, en parlant de son correspondant, n'a voulu négliger aucun détail qu'il croyait de nature à m'intéresser ! » Et après tout, c'était vrai, mais les petites âmes voient les choses par leurs petits côtés, et les grandes âmes les voient par les grands.

Au besoin, les traits, les exemples abonderaient sur la charité et l'humilité du Père Dorr, mais il sera plus utile, pour le mieux connaître, de constater que ces vertus, comme d'ailleurs toutes les autres, avaient en lui un *air de famille*. Il nous donnera lui-même l'explication que ce mot attend. Il disait que les saints se divisent en quelque sorte par tribus : ils sont de leur race, de leur siècle, de leur pays, on pourrait ajouter de leur clocher ou de leur couvent. De chaque saint, l'Eglise chante audacieusement : *Non est inventus similis illi.* Un saint Dominicain est un saint, un saint Franciscain est un saint ; nul moyen cependant de les confondre : chacun a son genre et les vertus portent les couleurs et le vêtement de la maison. Pour le Père Dorr, c'est sur la trace des saints de la Compagnie qu'il s'est résolument engagé ; il leur appartenait par le cœur, par la doctrine, et même, dans un détail poussé plus loin, par le genre et par les manières. En cela, il ne croyait nullement déroger, mais au contraire obéir aux intentions de la sainte Eglise. Dans son jardin, elle a différents parterres ; n'est-ce point pour y cueillir différentes fleurs et moissonner dans l'un ce que l'autre ne donnerait pas. On peut donc louer le Père Dorr de sa fidélité aux traditions de la Compagnie et le féliciter d'avoir été un vrai Jésuite. Il aimait ce nom, comme il aimait celui de dévot ou de dévoué, et les insultes de l'ennemi étaient à ses yeux un titre de gloire.

Les écrivains ascétiques de son Ordre fournissaient à ses lectures ordinaires. « N'est-elle pas assez riche, disait-il, la bibliothèque de la Compagnie ? » Il citait volontiers les exemples ou les paroles de ses saints, de ses missionnaires, de ses hommes illustres, et alors son visage s'illuminait d'une sainte joie : « Ils ont fait cela, mes Pères, oui, ils l'ont fait ! »

Nul ne connaissait mieux leur histoire, ne rappelait avec plus d'opportunité un souvenir, un trait, un mot dit par eux ou sur eux ; par exemple l'étonnement de Versailles, lorsque les ambassadeurs de Pologne demandaient partout à voir le grand Petau, si connu où il n'était pas. « *Volumus videre magnum Petavium !* »

Comme il pressait le Père de Guilhermy, professeur à Saint-Acheul, d'écrire le Ménologe des religieux de la Compagnie, remarquables par leurs vertus et leurs travaux ! Trop curieux de recherches, jamais satisfait de ce qu'il avait écrit, l'auteur mettait bien difficilement le point final. On rapporte qu'il fut convenu entre le Recteur de Saint-Acheul et le trop consciencieux écrivain, que celui-ci ne se présenterait au souper de la communauté qu'avec une notice achevée. Cependant, le Père de Guilhermy soupa tous les soirs avec ses Frères. Il arrivait parfois le dernier, tenant en main la feuille encore humide mais finie ; elle séchait pendant la lecture, et de jour en jour, le monument s'élevait, pierre par pierre, à la gloire des Assistances de Portugal, d'Espagne, d'Allemagne, de France et d'Italie.

Non seulement il aimait ces anciens et, on peut dire, ces géants de la Compagnie, mais, même par le dehors, il leur ressemblait. Avec quel soin familial il avait recherché et réuni leurs portraits, collection unique, perdue dans l'incendie du noviciat de Gemert ! Certainement les Grecs n'auraient point admiré parmi eux des types de beauté, mais ils faisaient songer à la réflexion de Louis Veuillot, hôte de Solesmes : « Il y a peu de figures que la grâce de Dieu et le capuchon ne sachent embellir ! » Le Père Dorr n'avait pas de capuchon, mais il avait encore moins besoin d'être embelli : il était beau par le resplendissement de l'âme sur sa figure osseuse, la flamme de son regard, la modestie de toute sa personne, un je ne sais quoi qui respirait l'ardeur et l'élan vers la sainteté. Cette beauté, presque immatérielle, échappe aux ravages du temps, elle enveloppe un corps *angélisé* et le revêt comme d'une lueur de gloire.

III

La parole du Père Dorr et les Conférences.

Si le Père Dorr avait eu à se définir, à dire ce qu'il était et ce qu'il faisait, il aurait pu répéter la parole du Précurseur : *Ego vox*. Comme Jean, il fut une voix, et cette voix préparait les chemins du Seigneur ; son emploi presque continuel, de sa trente-cinquième année à la dernière, a été d'enseigner les règles de la perfection et de former des religieux. « Ah ! si vous l'aviez entendu ! » Ainsi diront tous ceux qui voudraient ressusciter quelques échos de cette parole et ressentent l'impossibilité d'y parvenir.

Extérieurement, peut-être, l'homme manquait à l'orateur, et la santé à l'éloquence. Et encore, plusieurs n'en conviendraient pas. Il y avait tant de vie dans le regard, tant d'expression dans ce visage d'ascète, tant de vigueur dans le geste rare, étroit, contenu, mais prompt et soudain comme celui d'un homme qui lance des flèches.

4*

La voix faisait défaut, il en était comme avare ; tout éclat eût coûté trop cher. Chose étrange, du moins au premier abord, cette faiblesse de l'organe augmentait la vigueur de la pensée : point de dépense inutile, mais une vie intense, contenue, un feu intérieur qui ne s'éteignait pas en se répandant au dehors. Qu'on veuille bien accepter la comparaison : une sorte de Vésuve, l'instant qui précède l'éruption.

Comment parler des règles du style en face d'un homme qui, volontairement, les ignorait toutes pour obéir à la loi suprême des Maîtres : rester eux-mêmes ! Ce qu'ils disent est bien dit, et les grammairiens viendront plus tard pour faire des lois avec leurs exemples. Le style du Père Dorr était bien le vêtement qui convenait à sa pensée, vivant d'abord, clair, alerte. Beaucoup d'ordre et de lucidité, des idées à pleines mains, jamais de phrases, pas l'ombre d'une recherche. On ne songeait que par retour à l'érudition, tant elle allait simplement à travers les livres et les choses, les apportant sans bruit, sans insistance : on était servi et on n'avait pas vu servir.

La langue était plutôt celle de la bonne compagnie ou, comme l'on disait jadis, des honnêtes gens au xvii⁰ siècle, quelque chose de Bourdaloue, tempéré par La Fontaine. Le Grec et le Romain, chez le Père Dorr, n'avaient pas étouffé le Gaulois. Il y avait des sourires, des ironies très fines, parfois une larme involontaire, plus fréquente sur la fin de sa vie ; parfois encore, une expression violente, presque crue, une vérité soudaine au sortir du puits; mais toutes ces choses emportées par le souffle ardent de l'apôtre. Comme aux sermons de Bourdaloue, on était à la bataille, et puisque la parole de Dieu est un glaive, ce glaive cherchait les âmes, ainsi que l'épée du soldat cherche la poitrine de l'ennemi, par le plus court chemin.

Quelquefois, même dans le feu de l'action, ou lorsqu'une position avait été emportée, un point de doctrine victorieusement établi, le conférencier interrogeait ses auditeurs : « A-t-on des objections? » Avant le déclin, lorsque le Père Dorr était dans la plénitude de son talent, l'objection était arrêtée net, reprise ensuite de main d'ouvrier et par lui encastrée dans la muraille : c'était la pierre jetée contre le rempart et ramassée pour fermer une brèche. En certaines circonstances, l objection se taisait ; ou il n'y avait rien à dire, ou l'on préférait ne rien dire : on aurait voulu prolonger l'impression des dernières paroles et un auditeur exprimait ce sentiment en disant que le silence était un éloge : *Silentium tibi laus.*

Malgré l'imprévu de la forme, une certaine liberté laissée au mouvement de la pensée, des images trouvées en courant, rien n'était moins improvisé que les conférences du Père Dorr. Elles devaient leur perfection et leurs richesses au travail. N'est-ce point à la sueur du front, qu'il faut tirer le fruit de l'intelligence comme celui d'une terre avare? La beauté des choses parfaites et définitives ne récompense que les laborieux. La condition commune à tous est plus inexorable encore pour les orateurs. Si la poésie est un don, l'éloquence s'acquiert : *Nascuntur poetæ, fiunt oratores*, surtout cette éloquence quotidienne, familière, qui ne peut émouvoir le cœur qu'en passant par la raison. Les grands élans lui sont habituellement interdits ; un savant tapage ne ferait rien à l'affaire et masquerait mal le vide de la pensée. Il lui faut la vérité, la doctrine, les témoignages, les exemples.

Les entretiens du Père Dorr, écrits du commencement à la fin, corrigés et remaniés, enrichis sans cesse de nouvelles citations, représentent un labeur immense, prodigieux, si l'on tient compte du délabrement de sa santé. Naturellement, on se demande comment un homme toujours souffrant a pu tant écrire, ou comment un homme qui a tant écrit pouvait être souffrant. A ne voir que l'œuvre, on jugerait l'ouvrier singulièrement robuste ; à ne

voir que l'ouvrier, on jugerait l'œuvre singulièrement débile et informe.

Lui-même nous donnera la réponse. Il aimait le
travail persévérant, acharné, méthodique, comme
un martyr aime l'instrument de son supplice.
Souvent, disait-il, on représente un saint, un confesseur de la Foi, portant le glaive qui l'a décapité,
le feu qui a dévoré ses entrailles, le gril sur lequel
il s'est étendu. C'est aujourd'hui le trophée de sa
victoire. Ainsi, l'on pourrait représenter le véritable enfant de la Compagnie penché sur sa table
de travail : là est le devoir, là peut-être le martyre.

Il aurait pu prendre pour devise ce mot laissé
par Léon XIII à un Père de la Compagnie : « *Tu
strenue labora,* toi, travaille intrépidement ! » Dès
qu'il connut la disposition des supérieurs qui le
consacrait à la formation des jeunes disciples de
son ordre, il ferma tous les livres étrangers à ses
fonctions, quels que fussent son attrait pour eux
et la curiosité de son esprit. Un jour de vacances,
un Virgile lui tomba sous les yeux ; il l'ouvrit
comme par mégarde, mais il le referma bien vite,
car il redoutait la douceur pénétrante de ces beaux
vers. « Ce n'est pas bon pour moi, disait-il, je suis
encore trop sensible. » Et il avait dépassé la
soixantaine ! Malgré les fatigues et les études
austères, le cœur restait virgilien.

S'il aimait à lire, il était sévère, délicat, peut-être même scrupuleux dans le choix des lectures. Il ne comprenait pas qu'on aimât un livre qui blesserait, même en passant (ne serait-ce pas encore une blessure?) la pureté de la foi ou les mœurs. « Non, disait-il, même à mon âge, je ne voudrais pas le regarder. » Les bons livres à ses yeux n'étaient pas bons pour tous, et le discernement des âmes importait au discernement des livres. Il reprit, non sans sévérité, un professeur qui avait laissé entre les mains d'enfants ou d'écoliers la vie d'une femme très remarquable par sa piété et par ses œuvres, mais favorisée de dons extraordinaires, et présentant à de jeunes imaginations des exemples peut-être dangereux.

Les préférences allaient aux plus simples. — Rodriguez était à ses yeux le pain quotidien rompu pour les enfants de la maison et toujours utile aux aînés.

Avant tout il demandait aux livres qui traitent de la vie spirituelle de réunir quatre qualités : d'être clairs, d'être solides, d'être encourageants, d'être pratiques. Aussi, c'est avec un profond sentiment de joie qu'il avait lu dans Joubert et qu'il citait les paroles suivantes :

« *Je trouve dans les livres des Jésuites le bon sens, la mesure et la joie.* »

Ces bons livres étaient des amis dont il aimait

jusqu'au vêtement. Il les rangeait avec ordre, les défendait contre la poussière, ne les ouvrait même qu'avec un sentiment particulier, de ce respect qu'il portait à toutes choses comme créatures de Dieu. Un *signet* en papier parchemin indiquait dans chaque livre la place où la lecture s'était arrêtée, et sur ce signet le Père Dorr avait écrit une prière, une oraison jaculatoire, afin d'ouvrir son esprit à l'intelligence et à l'amour de la vérité. Avant de fermer définitivement le livre, il écrivait l'impression ressentie et il jugeait en connaissance de cause. Peu soucieux de lire beaucoup, préférant bien lire, il se défendait contre la curiosité de l'esprit et mortifiait ce qu'il appelait l'appétit intellectuel.

Quel homme et quel religieux ! Partout on le trouve dans la pleine possession de son âme, maître de lui, uniquement occupé du devoir présent, le seul que lui impose la volonté divine.

Par suite de cette même pensée, il ne voulait lire que la plume à la main et en prenant des notes. Il y voyait un double projet : celui de l'humilité et celui de la charité.

L'humilité y gagnait parce qu'il se mettait moins en scène, pour accréditer sa parole ou son sentiment il n'invoquait ni son expérience ni son savoir, mais l'expérience ou le savoir d'autrui. Combien de fois, lorsque son avis était sollicité, il commençait sa réponse en disant : Tel saint, tel auteur a dit que... Comme l'humilité, la charité y gagnait. Le prochain profiterait de ses recherches et à sa mort toute sa moisson ne serait pas perdue. Il exprimait cette délicatesse de l'affection fraternelle devant un novice qui s'excusait de lui présenter des notes assez pauvrement écrites, en disant qu'il arriverait toujours à les déchiffrer... « Et vos frères, observa le Père Dorr, vous ne songez donc pas à eux ! » Pour lui, certes, il ne les oubliait pas.

Les cahiers ou feuilles qu'il a laissés formeraient une bibliothèque composée, peut-on dire, des chefs-d'œuvre de la gentilité et de la chrétienté. Les Ecritures, la patrologie, la théologie (la mystique comme la scholastique), l'histoire, l'hagiographie, les lettres humaines lui ont ouvert leurs trésors. Même les évènements de chaque jour, les faits divers rencontrés au hasard de la conversation, apportaient leur contingent. Il était tel, pour prendre une comparaison évangélique, que le cep de vigne qui fait un vin excellent avec le suc de la terre, le rayon de soleil, la pluie ou la rosée. A côté, et sur le même sol, les mêmes éléments ne feraient qu'engraisser une plante vulgaire.

Sous tant de matériaux, l'esprit, loin d'être accablé, restait alerte. Que de mots à l'emporte-pièce, que d'histoires ou d'anecdotes qui enfonçaient la leçon comme un clou !

S'agit-il du profit à retirer des plus petites choses, des moindres occasions qu'il ne faut pas négliger ? Vient l'histoire du chiffonnier dont le crochet a frappé, dans un tas de friperies, un couvert d'argent : « Peste ! fait notre homme, enchanté de la trouvaille, je ne ramasserai plus que des objets de valeur. » Mais après quelques jours : « Eh ! je meurs de faim ! » Et le pauvre homme revint à ses loques pour en tirer quelque farine.

On pressent la morale :

« Mes Pères, n'attendons pas les grandes occasions pour nous signaler. Profitons des petits sacrifices de chaque jour. Si nous négligeons le détail pour être marchands de dévouement en gros, nous ferons faillite. »

S'agit-il du mérite de la douceur et de sa récompense conforme à la promesse de l'Evangile : *Beati mites, quoniam ipsi possidebunt terram ?* Voici le missionnaire en cours de visites dans la paroisse.

5

Le boucher est libre-penseur, son chien partage ses opinions, un affreux roquet qui se jette sur les jambes du Père, au grand péril des mollets. Mais celui-ci, sans se déconcerter : « Oh ! le gentil petit chien, c'est à vous, Monsieur ?... Toutes mes félicitations ! » Le boucher fut caressé à l'endroit sensible. Quelques heures après, il se présentait au saint tribunal : « Je suis venu, mon Père, parce que vous m'avez retourné le cœur en étant si bon pour mon chien. »

Et, comme le Père Dorr, d'un geste, d'un léger mouvement de la tête, indiquait délicieusement les personnages : le missionnaire caressant, le roquet aboyant, le boucher s'attendrissant !

Le ton variait souvent, et un poëte l'a dit, en parlant des dernières conférences :

> Tour à tour il était paternel, amical,
> S'enflammant pour le bien et s'indignant du mal,
> Et même, par instants, quittant son air affable,
> Quand il nous apportait de ces tristes oublis
> Qui tarissent l'amour dans les cœurs affaiblis
> Et qu'il nous répétait son mot : *C'est déplorable !*

Alors, il avait des paroles cinglantes à enlever le morceau, comme on dit. — C'est par exemple le religieux grand partisan de ses aises, grand dépensier, sans aucun égard aux embarras des supérieurs et peut-être à la détresse de la maison :

« Monsieur fait le beau fils, et sa mère vit avec des aumônes ! »

« A vingt-cinq ans de distance, disait un religieux formé par le Père Dorr, je suis encore secoué par une parole que j'ai entendue de lui :

« Dans une famille chrétienne, un ancien religieux expose, devant la maîtresse de la maison, les motifs allégués pour son départ. Plaidoyer inutile et malheureux : chaque raison est repoussée par une raison écrasante. « Je ne pouvais pas m'entendre avec mes supérieurs et mes confrères. — Il faut bien, moi, que je m'entende avec mon mari et mes enfants. — Chez nous, j'étais toujours malade. — N'y avait-il pas d'infirmerie chez vous? — Ah ! je ne pouvais plus y vivre ! — Vous pouviez y mourir ! » .

Citer un mot, ce n'est rien, il faudrait entendre ce mot claquer comme un fouet.

Si nombreux que fussent ces mots, ces traits, ils ornaient le discours sans l'encombrer, ils ressemblaient à une broderie légère sur un tissu très fin et très solide. Avec les quelques détails secondaires qui viennent d'être dits, on voudrait peut-être connaître le fond et la substance de la doctrine ; mais la résumer et l'exposer ici serait une tentative impossible. Imaginez un commentaire lumineux, mais prodigieux par ses dimensions, de l'œuvre totale de saint Ignace. Une année allait finir, mais lui, après avoir parlé une heure entière, chaque jour, ne trouvait pas la matière épuisée. Et il disait en souriant : « Si vous voulez redoubler, mes Pères, nous continuerons l'année prochaine ! » Il n'était donc qu'à la moitié de ses conférences, et, comme il arrive, l'entrain du prédicateur surpassait celui de l'auditeur.

Mais, en face de l'impossibilité de tout dire, se dresse une autre impossibilité, celle de ne rien dire. Passons entre les deux écueils, plus près cependant du second que du premier. Nous ne dirons, ou plutôt nous ne redirons que bien peu, choisissant, dans les notes du noviciat et du troisième an, quelques morceaux détachés qui donneront quelque idée du genre et de la doctrine du Père Maître des novices et du Père Instructeur, l'un commençant, l'autre complétant la lente éducation de la Compagnie de Jésus.

Une conférence est restée célèbre dans les souvenirs du noviciat. Toutes étaient belles ; celle-ci avait une beauté particulière et personnelle : plus que les autres, elle venait du Père Dorr, de son

esprit et de son cœur ; ailleurs, il citait beaucoup
et multipliait « les documents. » Ici, d'abord, il
était lui ; pour une fois, il laissait les vieux
auteurs en repos et donnait une suite d'observations, de remarques tout à fait de son crû.

Cette conférence servait de conclusion à une
série d'études très curieuses et surtout très pieuses
sur les règles de la modestie. Il les aimait pas-
sionnément, peut-on dire, comme un legs spécial
de saint Ignace à qui elles avaient coûté tant de
prières et tant de larmes ; il les aimait comme une
sorte de manteau religieux porté par les enfants
de la Compagnie et les distinguant aux yeux du
monde, aussi bien que le ferait un costume spécial.
Il les aimait plus encore parce que la modestie
était la vertu chère à Notre-Seigneur, celle qui
avait fait la plus vive impression sur les Apôtres,
et, par eux, sur les premiers disciples : *Adjuro
vos per modestiam Christi.* — Contemplant le
divin Modèle, il avait montré, dans le type ado-
rable de toute créature humaine : —les yeux ordinairement abaissés. — L'Evangile le dit en notant
les circonstances où le Maître élève son regard :
Et elevatis oculis, — cette réserve si grande que
les Apôtres s'étonnent de le trouver conversant
avec une femme, la Samaritaine, et que Lui-même,
dans la gloire immatérielle de sa résurrection, ne

permet pas à Marie-Magdeleine de le toucher : *Noli me tangere.* — Il avait admiré cette gravité qui connut le trouble et les larmes : *Turbavit seipsum... Lacrymatus est Jesus,* mais non pas les rires, — cette humilité qui voile la divinité dans l'Incarnation et même l'humanité dans l'Eucharistie : *At hic latet simul et humanitas,* — cette affabilité, enfin, dont le rayonnement attirait vers le Sauveur ses contemporains : *Eamus ad suavitatem.*

Aucun détail n'échappait à l'attention du Père Dorr, ni les genoux qui fléchissent dans l'oraison : *Ponitis genibus orabat,* ni la tête qui s'incline en exhalant le dernier soupir : *Et inclinato capite, emisit spiritum.* — Cette ressemblance de Notre-Seigneur, il l'avait lui-même revêtue en suivant à la lettre le conseil de saint Paul :

> Tel au milieu des siens Jésus a dû paraitre,
> C'était le port, la voix et le geste du Maitre.

L'imitation parfaite est bien difficile, on pourrait se perdre au milieu de tant de conseils ou règles, on ressemblerait, disait-il plaisamment, à un homme qui, entrant pour la première fois dans la bonne compagnie, pour ne se tromper ni au salon ni à table, consulterait à chaque instant un manuel de civilité. — Alors venait la vue d'ensemble, la conférence sur le *genre,* sur l'étiquette du religieux et du moine.

Qu'est-ce que le genre? Un je ne sais quoi qui se définit mal et que l'on comprend très bien. Vous ne sauriez dire en quoi consiste le bon genre, le bon ton, et vous voyez tout de suite ce qui est contre le bon genre ou le bon ton. C'est le sel qui pénètre les aliments sans leur rien enlever, mais en ajoutant la saveur, c'est le parfum qui trahit la présence d'une fleur, c'est le rayon de soleil qui répand la joie dans le monde, c'est le tact des personnes de bonne éducation, une sorte d'instinct, de sixième sens si l'on veut, qui les avertit de dire ce qu'il faut dire et comme il convient de le dire, avec la nuance voulue. Sans le tact, on fait tout le contraire. Le genre varie avec la profession; on dit : le genre d'un gentilhomme, d'un magistrat, d'un prêtre, d'un soldat, etc.

Quel sera le genre du religieux et du moine ?
Sera-t-il gentilhomme? — Oui, par la distinction des sentiments et des manières, par cette grâce souveraine qui nous vient de l'humilité et de l'Evangile ; oui, par la promptitude du dévouement, l'oubli de soi et des aises de la vie. Autre le bourgeois, autre le chevalier. — Non, si l'orgueil corrompt ces qualités, si la morgue s'en mêle, si

l'on tranche du grand seigneur, si l'on prétend être servi et non pas servir.

Est-ce le genre du magistrat ? Chose étonnante : que de jeunes gens semblent revêtir la gravité en même temps que la toge ! Plus rien de puéril dans leur parole, ils appartiennent à une profession austère et se sentent de la rigidité des lois. — Ce genre a du bon s'il n'est pas outré. Pas n'est besoin de parler en oracle et de prononcer des arrêts. Mais comme le magistrat est toujours magistrat, que le religieux soit toujours religieux. Sur le dos de certains soldats, en Chine, il y a une pancarte avec le mot : *Soldat ;* l'uniforne ne suffirait pas sans l'enseigne. Faudrait-il écrire quelquefois : « Un tel est religieux. »

Serait-ce le genre sacerdotal, avec la dignité, la solennité même des anciennes mœurs de la cléricature ? — Cette dignité est nécessaire au religieux. Il porte la tonsure comme une couronne, mais il peut porter très bien un instrument de ménage et balayer sa chambre. Il est pauvre et ne l'oublie jamais ; sa ceinture ne se termine pas en franges et des boucles d'argent ne s'épanouissent pas sur ses souliers. Une certaine sévérité convient à sa personne, même à son style. Les lettres de saint François de Sales sont

d'inimitables modèles. Il écrit en évêque, non pas
en religieux. Que le religieux, en écrivant ses
lettres, n'oublie pas que dame Police les lira
d'abord. Ecrivons donc entre un sergent de ville
et notre Ange gardien.

Sera-ce le genre, non pas de la caserne, mais du
soldat, le genre militaire?

Le Père par sa naissance était Messin, de la ville
jadis Pucelle ; il se souvenait de son origine et
quand il parlait des qualités de l'homme de guerre,
de sa patience, de son courage, de la ressemblance
des vertus religieuses aux vertus guerrières, sa
voix avait un tressaillement fier et joyeux. C'était
la sonnerie du clairon le matin d'une fête ou d'une
bataille et ceux qui, des champs de Castelfidardo
ou du seuil de Saint-Cyr, venaient au noviciat, se
retrouvaient sous le drapeau. Et puis Ignace avait
été soldat, il l'était encore en fondant ou plutôt en
levant une compagnie pour venir au secours de
l'Eglise militante : *Novo subsidio militantem ecclesiam roboravit.* — Les qualités du soldat sont les
mêmes dans tous les siècles; chez nous, en France,
— jadis le sergent de Dieu, — elles appartiennent
ou elles appartenaient à la race.

Et l'énumération suivait rapide, brillante :

L'amour passionné du chef. — Les braves de
David traversent les rangs ennemis pour remplir

un casque de l'eau de la fontaine. Le capitaine refuse de boire le sang de ces héros. Les soldats de Napoléon, que la neige ensevelit, meurent en criant : Vive l'Empereur! Ceux de Turenne affrontent la mort pour reprendre le bâton du maréchal.

L'oubli de soi, le superbe désintéressement devant la gloire du pays. — Qui dira jamais le nom de ces obscurs? — Qu'importe, si l'armée française est triomphante!

La pauvreté par le mépris du confort, l'indifférence à l'égard du pays ou du climat.

L'obéissance qui ne discute jamais, qui accomplit jusqu'au bout ce qui a été commandé : c'est la consigne; elle va des choses les plus héroïques (le mépris et l'attente impassible de la mort), jusqu'au détail le plus infime : la charge du fusil, le port d'arme; le regard à quinze pas devant soi.

Et puis, pas de mélancoliques, pas de susceptibles, pas de victimes traînées à l'autel à demi mourantes : au contraire, la gaieté, des chansons, la belle humeur en face des difficultés. « D'abord, impossible est un mot et difficile n'existe pas, » tout le bagage de la vie tenant dans un sac.

L'analogie est frappante. Pour le religieux, le Chef est Notre-Seigneur ; la discipline, c'est la règle. Comme le vrai soldat, il est pauvre, dévoué, joyeux, il ne plaint pas sa fatigue, il n'en attend pas la récompense, il est toujours prêt à partir et un mot éveillera l'héroïsme qui sommeille dans son cœur. C'est à lui particulièrement que saint Paul a dit : « *Labora sicut bonus miles Christi Jesu.* Travaille comme un bon soldat du Christ Jésus. »

Ah ! cher et vénéré Père Dorr, nous l'avons vu vivant, ce type presque idéal du patricien sans orgueil, du gentilhomme sans fierté, du magistrat sans morgue, du prêtre dont la soutane semble vêtir un anachorète, du soldat droit et loyal comme sa noble épée. Nous l'avons vu, et seul parmi nous, quand il passait, quand il parlait, vous ne pouviez ni le voir, ni le reconnaître, ni l'entendre. De cette impossibilité, on donnerait facilement plusieurs raisons. Une suffira : Ce type idéal, c'était vous, mon Père, et en vous, avez-vous jamais remarqué autre chose que les défauts !

IV

Doctrine et méthode de la formation religieuse.

Former des religieux, donner à Dieu, à l'Eglise, à son ordre, des serviteurs et des fils, telle fut, nous le savons déjà, l'œuvre capitale du Père Dorr, et les souvenirs de sa vie seraient trop incomplets, s'ils ne le montraient dans l'exercice de cette grande fonction. Il instruisait, il formait, moins peut-être par sa parole que par le don, le talent incomparable d'éducateur. Par la nature et par la grâce, et dans ce qu'il lui avait donné, et même dans ce qu'il lui avait refusé, visiblement, Dieu l'avait appelé à cette vocation. Le moment est venu de le voir à ce poste d'honneur et de labeur.

Cependant, n'attendons ici rien d'extraordinaire, rien même, si l'on veut, qui paraisse sortir du commun. — Le Père Dorr n'était plus depuis quelques années; deux de ses anciens novices, qui l'avaient en grande vénération, s'entretenaient de leur Père-Maître : « Pensez-vous, dit l'un, qu'il ait fait des miracles ? — Je ne pense pas, dit l'autre, que toutefois la question n'avait pas étonné, ce n'était pas son genre. »

En tout cas, son genre n'était point de chercher l'éclat dans l'éducation. — Si tout art est long, *ars longa*, celui-là surtout qui est l'art par excellence. — Les hommes apostoliques ne s'improvisent pas et le pape Benoît XIV a dit qu'ils reçoivent plus de la formation que de la naissance.

L'ouvrier était bien tel qu'il convenait à cette œuvre patiente et délicate. Ici surtout, il se montra prudent, ami de la tradition, ne voulant rien brusquer, sachant que le temps est aussi un éducateur, attentif à la volonté divine, respectueux de son initiative, et, pour la mieux comprendre, observateur sagace des caractères, des tempéraments. Sans blesser en rien l'uniformité de la vie religieuse, désireux de voir sur tous ses fils les traits de la famille, il était loin toutefois de jeter les âmes dans le même moule et de les vouloir toutes semblables ou égales. Il disait volontiers, en citant le Père Lacordaire, qu'il faut être soi moins ses défauts. — Cette maxime inspirait sa conduite habituelle. Il y trouvait de grands avantages : le premier, d'imiter la méthode divine. Dieu traite les âmes avec respect, il parle à chacun d'après les habitudes de chacun. Aux apôtres qui sont pêcheurs en Galilée, il propose d'être pêcheurs dans le monde et de jeter d'autres filets sur une mer plus vaste.

Un second avantage de cette même méthode est d'appliquer à toute la vie un principe des Exercices : *laisser faire Dieu*. Il aimait cette langue et cet esprit de saint Ignace, qui donne si bien les principes et les règles du travail apostolique : plutôt retenir que prévenir, plutôt montrer que commander. C'est beaucoup, et, ordinairement, c'est assez d'écarter l'obstacle, de découvrir la ruse ou l'illusion, de préparer le chemin. Ensuite, c'est à l'homme d'y marcher à son pas et suivant son allure; en tout cas, il est mieux de lui dire qu'il va trop vite que de le presser *de se presser*. Heureux le Père qui peut dire à ses fils, comme saint Ignace à saint François-Xavier : « O Xavier, c'est trop ! »

Maître des novices ou Instituteur des Pères du troisième an, le Père, avant de leur rien demander, fit aux siens deux présents de haute valeur : il leur donna son temps, il leur donna son exemple.

Le temps d'abord. Un jour, il avait dit que l'emploi est la première croix sur laquelle il faut s'étendre ; la plus utile mortification pour un religieux, c'est d'être tout entier à sa fonction. Les paroles de saint François-Xavier restaient présentes à son esprit. Le Saint écrivait au Père Gaspard Barzée en lui remettant le gouvernement du collège de Goa :

« Vous devez vous appliquer à procurer l'avancement des étrangers ainsi que de nos Frères, mais avec un juste discernement, vous souvenant toujours qu'envers les personnes de la maison, vous acquittez une dette et vous faites aux étrangers une charité gratuite.... L'ordre légitime nous fait un devoir de satisfaire premièrement à la justice. On est criminel de négliger l'œuvre principale et d'épuiser son zèle en œuvres accessoires. »

Le Recteur de Saint-Acheul et de Saint-Vincent de Laon ne devait pas porter au tribunal de Dieu la responsabilité de cette négligence ou de ce désordre. Il appartint tout entier et à tout instant à son office. Il s'enferma dans sa charge comme dans une forteresse imprenable, puisqu'il s'y consacrait sans retour vers le passé, sans prévision de l'avenir, à l'œuvre que Dieu voulait de lui. Il fut content même de la faiblesse de sa santé et de sa voix, comme d'un double rempart qui le défendait contre le monde et le laissait uniquement aux siens. Allant jusqu'au bout de son devoir, et même le dépassant, il ne voulait plus d'une lecture, d'un travail dont le profit ne serait pas d'abord pour ceux qui lui étaient confiés. Ceux-ci savaient qu'il ressemblait au divin Maître : *totus in nostros usus expensus.* — Dès lors, quelle puissance pour un homme et quelle vigueur dans son œuvre ! C'est beaucoup de faire une seule chose et de la bien faire ; c'est peu d'en effleurer un grand nombre sans rien conduire à la perfection. D'ailleurs, dans la division ou le partage du travail et de la peine, la volonté de Dieu est que nous ne prenions que ce qui nous est attribué. Une Providence attentive a sagement mesuré notre labeur et notre douleur. Il n'y a ni trop ni trop peu. Le malheur est que, pour l'ordinaire, tout en nous plaignant d'avoir trop à travailler et trop à souffrir, notre indiscrétion ajoute à notre besogne et à notre peine. Et nous n'avons plus grâce pour porter cette surcharge.

Le Père Dorr regardait comme l'un des points principaux de son office la fréquence des entretiens particuliers avec ses jeunes religieux. Il voulait que sa porte leur fût toujours ouverte et il était inouï qu'il ne fût pas chez lui aux heures indiquées pour les recevoir. N'avait-on pas trouvé son moment, il suffisait de découvrir son nom sur un tableau mobile, et le Père-Maître répondait bientôt à cette demande silencieuse en appelant près de lui le solliciteur. Là encore, il était tout entier à son interlocuteur, sans signe d'impatience ou de fatigue, aussi longtemps que la conversation était utile. Il lisait dans ces âmes bien souvent comme on lit dans un livre ouvert, souvent encore une parole lui suffisait pour éclairer une question, trancher une difficulté, mais il en cherchait toujours la solution dans les principes du surnaturel. « Mon Père, lui disait ingénument un novice qui ne devait rien garder de sa crainte, il me semble que vous ne m'aimez pas? » — Au lieu de rassurer immédiatement cet interlocuteur candide, le Père-Maître répondit : « Et quand cela serait, mon cher Frère, faudrait-il vous en troubler? » — Ainsi, d'abord il élevait l'esprit, puis il pacifiait le cœur.

Se donner aussi complètement était déjà un grand exemple et le meilleur, celui du devoir accompli. Il était d'autant plus remarquable en certaines années, qu'on était en fort petit nombre. Loin que le zèle du Père Recteur se ralentit, dans ces circonstances il paraissait grandir; jamais du moins il ne fit sentir que les disciples manquaient à sa parole. Notre-Seigneur n'avait-il pas adressé tout un discours à une seule femme de Samarie?

Cette égalité dans l'humeur, cette dépense de soi toujours généreuse était une continuelle exhortation. Que d'autres leçons apportées sans cesse par le mouvement même de la vie, par les évènements et le détail de chaque jour ! — C'est, par exemple, un novice qui reçoit du Père-Maître une paire de rasoirs avec la commission de les porter au Père Ministre, parce qu'ils ne coupent plus. Le Père Ministre, oubliant la présence du novice, constate tout haut que les rasoirs sont bons, mais que le Père Recteur est maladroit. — La réflexion, sans qu'on y vît malice, fut rapportée toute chaude au Père-Maître. « C'est bien vrai, dit ce dernier, du ton le plus naturel et sans témoigner aucune surprise, je ne sais rien faire ! » — Peu de chose, pourrait-on dire, mais les plus petites choses servent parfois à manifester les plus grandes vertus. — Ainsi sa réponse à un autre de ses novices qui, dans un voyage lointain, avait fait tomber les cheveux de la couronne cléricale : « Ah ! merci, cher Frère, grâce à vous, je porterai la couronne sacerdotale en souvenir de la couronne d'épines. »

Tous ont remarqué son attention à ne point perdre un instant. Pour ménager sa voix, au lieu de répondre : *entrez,* quand on frappait à sa porte, il donnait un léger coup de sonnette. Un jeune poète le lui disait en mettant en quelques rimes *filiales* la division d'un sermon sur les cloches, prêché par le Père Félix :

> « Lui, qui n'a dans sa tendresssc
> Rien de si grand
> Que son enfant,
> Sonne la cloche en le voyant. »

Mais, la cloche agitée, le travail n'était pas interrompu. Dans la grande chambre du Père-Maitre, il fallait franchir une certaine distance pour aller de la porte au fauteuil qui recevait chaque visiteur. Pendant ce voyage, la plume diligente écrivait deux mots ou trois, autant au retour. Cela donnait bien la valeur d'une page dans la journée et d'un livre dans l'année. Il n'est pas de petits profits, dit-on, parce qu'il est toujours de grandes pertes à réparer ou à prévoir.

Comme le temps, la règle est divine ; elle a droit à autant d'égards et elle les obtenait. Rien ne pouvait prescrire contre cette sainte inviolabilité. La piété même lui cédait le pas, — si l'on peut appeler piété cette dévotion peu discrète qui voudrait multiplier et imposer telle ou telle pratique que ne consacre pas l'usage ou la tradition. A plus juste titre encore, le Père Recteur n'acceptait aucune

transgression de la règle, surtout si l'on préten-
dait la justifier.

Il advint que dans la joie d'une fête, celle de
saint François-Xavier, un Père missionnaire,
tout ému et tout vibrant du souvenir de ses
récentes campagnes, se mêla parmi les novices
pour en commencer le récit. La permission de se
rendre dans leur jeune communauté, malheureu-
sement, avait été omise. Aussi le conteur, assez
embarrassé de son oubli, s'arrêta net dans son
récit, lorsque le Père-Maître survint au milieu de
la récréation : « Mon Révérend Père, dit-il en
cherchant une excuse, — en ces occasions, on
prend la première qui se présente, — j'ai cru que
la fête du grand Apôtre, du grand Missionnaire
m'autorisait.... — Ah! mon Père, interrompit le
Père Dorr, saint François-Xavier était votre
modèle et le mien dans l'accomplissement de la
règle. » — La leçon, reçue avec humilité, réparait pour les novices un instant de négligence.

Il serait facile de multiplier les traits, les exemples ; mais, sans y renoncer, il sera présentement
plus utile de remonter jusqu'aux principes et,
autant qu'elle peut se résumer ici, jusqu'à la
doctrine du Père Maître ou du Père Instructeur
dans l'éducation religieuse.

Une question préliminaire se posait : celle de la vocation. Sur ce point, les idées du Père Dorr étaient en même temps larges et sévères. Elles étaient larges, solidement appuyées sur saint Ignace, saint Thomas, saint Augustin et sur l'Evangile, aussi longtemps qu'il ne s'agit que d'un appel à la perfection, soit dans le cloître, soit dans le monde. Il n'excluait personne de cette grâce, tout en reconnaissant qu'un grand nombre peut la perdre et qu'un plus grand nombre l'ignore, ou se trouve dans l'impossibilité d'y répondre. « Telle est, disait-il avec le Père Roothaan, dans le commentaire des *Exercices spirituels,* la bienheureuse condition de beaucoup de pauvres ouvriers par exemple, dont le travail est indispensable à la famille : *Beati pauperes.* Ils n'ont pas même à se demander quel chemin il faut prendre. »

La doctrine gardait toujours la même ampleur, mais la direction devenait plus rigoureuse et plus exigeante, lorsque le Père Dorr, descendant du général au particulier, examinait les conditions requises, ou pour le sacerdoce, ou pour la vie religieuse. Là vraiment, la vocation apparaissait comme une sélection, d'autant plus rigoureuse que les fonctions apostoliques exigent une plus haute vertu et un plus ferme caractère. Lorsque, devant les Pères du troisième an, il traitait de la vocation à la Compagnie de Jésus, volontiers il citait les graves paroles de saint François-Xavier :

« Ne consentez jamais, je vous le recommande, à admettre dans la Compagnie des sujets de faibles moyens, d'un étroit jugement, d'une médiocre intelligence, d'un tempérament délicat, qui ne seraient en état de bien remplir aucun ministère. »

Et encore :

« Observez également de n'admettre personne, s'il n'est doué, dans un éminent degré, des facultés propres à l'un des ministères spéciaux à notre Institut. »

Si, pour certains candidats, la question était vite tranchée, en bien des cas, la décision n'était pas évidente. Ici, comme ailleurs, le grand souci du Père était de faire la volonté divine, de ne pas fermer une porte que Dieu veut ouvrir, et de n'en pas ouvrir une qu'il veut fermer. Un supérieur de Grand Séminaire, son ami, se plaignait qu'il n'eût pas reçu, dans la Compagnie, un jeune homme qu'il avait envoyé dans ce but à Saint-Acheul : « Eh ! Monsieur le Supérieur, comment puis-je prendre ce que Dieu ne nous donne pas et diriger vers saint Ignace celui qu'il dirige vers saint Dominique ? »

Dans la même vocation, les âmes ne sont pas appelées de la même manière. Il est des coups soudains « à la saint Paul. » Cela est rare, encore que cela soit ; plus ordinairement, la grâce s'insinue, c'est un mouvement continuel, avec plus ou moins de lumières, d'attraits, dans une mesure faite par la libéralité infinie et aussi par la fidélité de celui qui est « *élu.* » Enfin libre d'attraits ou de répugnances, peut-être aussi sans attrait aucun, et malgré les répugnances, l'homme, dans la possession de son jugement, peut se déterminer à faire ce qu'il voit le meilleur, et pour le service de Dieu et pour son salut éternel.

Quelle que fût la vocation dans son origine et à son point de départ, le Père Dorr la soumettait à un contrôle sérieux ; il voulait même si le candidat à la vie religieuse n'avait aucune hésitation que sa décision, déjà prise peut-être, fût examinée à loisir, discutée de sang-froid, hautement approuvée par la raison, pesant le pour et le contre. Saint Ignace demande cet examen et cette balance. Quelques-uns, il est vrai, ne sont pas capables de plier leur esprit à cette discipline, mais peut-être ne sont-ils pas non plus capables de la vie religieuse et du labeur apostolique. En tout cas, il serait trop dangereux de prendre par impression une détermination de cette gravité, et de construire, sur le sable mouvant, un édifice auquel est nécessaire un fondement inébranlable. Les surprises possibles de l'avenir sont écartées, lorsque les motifs sont tels qu'ils résistent à l'action du temps et se placent bien au-dessus des vicissitudes de la vie.

« Vous plaisez-vous à Saint-Acheul ? demandait un visiteur à un novice. — Non, répondit le novice, je ne m'y plais pas. » — Et l'année suivante, à la même question : « Je m'y plais moins encore ! — Vous allez donc sortir ? — Pas le moins du monde : je ne suis pas venu pour me plaire ! »

Le Père Maître aimait cette réponse ; il la citait volontiers, parce qu'elle suppose un courage auquel Dieu ne refuse pas les épreuves du début. D'ailleurs, et pour prendre l'une de ses comparaisons ordinaires, il faisait dans la maison de Dieu un commerce loyal, et, en honnête homme, il ne trompait personne sur la qualité ou le prix de la marchandise. Si la vie religieuse n'est pas un marché, elle est du moins un contrat, et il voulait que les termes en fussent bien connus, afin d'être pleinement acceptés. « Que venez-vous chercher dans la Compagnie ? répétait-il souvent en commentant à sa manière la fameuse parole de saint Bernard : *Ad quid venisti ?* — Venez-vous avec un autre désir que celui d'imiter sérieusement

6

Notre-Seigneur et de le suivre dans le chemin des humiliations? Sachez-le pour ne plus l'oublier : à cette condition seule, nous pouvons vous recevoir et vous n'aurez pas de droits contre ce Droit. »

Plus tard, il rappelait souvent ces promesses et ces engagements. Il y voyait une réponse à des difficultés toujours possibles et au trouble du cœur. « Pourquoi vous plaindre d'être desservi par les circonstances ou par les supérieurs, de ne pas avoir un temps suffisant à donner aux études ?... Quand même il y aurait eu erreur, il n'y a pas eu injustice : on ne vous a pas refusé ce qu'on vous avait promis, ce que vous disiez être votre unique désir, ou du moins le désir de votre désir : suivre Notre-Seigneur crucifié. »

Avec la justice, il voulait aussi satisfaire la piété. C'est une grande consolation, lorsque l'on revient sur les motifs qui ont déterminé une vocation, de n'y trouver rien qui ne soit digne de Dieu, des choses éternelles, de ces longues et grandes pensées qui conviennent, dit l'Ecriture, aux fils des saints. Alors, le souvenir n'a point d'amertume et les jours passés donnent aux jours présents des leçons pleines de douceur et de ferveur.

Pour le candidat en général, après quelques jours, ceux de la première probation, l'étude de la vocation était finie ; il ne s'agissait plus d'examiner, mais de confirmer et de se former ; les Supérieurs, eux, n'ont pas dit le dernier mot, et ils attendront des années avant de le prononcer. Ils jugeront, par le long apprentissage de la vie religieuse et d'abord par le noviciat.

Contrairement à l'opinion d'un grand nombre, on aurait pu appeler le noviciat dirigé par le Père Dorr une école de raison. Plusieurs se sont imaginé que les novices s'exercent, ou plutôt sont exercés à l'obéissance par des épreuves vraiment extravagantes. Ainsi, ils iraient arroser pendant une pluie d'orage, ils sèmeraient du blé dans un étang et sans doute, ils se formeraient à cette idée qu'obéir, c'est agir contre le sens commun et le bon sens, plus encore contre les intentions visibles de la Providence. Serait-ce du moins au profit de l'humanité ? Saint François-Xavier ne le pensait pas.

« N'allez jamais, écrit le Saint, c'est mon opinion, commander aux nouveaux admis dans la Compagnie, des actes qui leur donneraient une apparence de folie ; souvent il arrive que ces effets extraordinaires occasionnent, dans ceux-là même qui se sont proposés au mépris du monde, un chatouillement intérieur d'orgueil, comme s'ils avaient accompli quelque œuvre héroïque. »

Sans blâmer ces commandements extraordinaires, puisqu'ils ont pour eux de grands exemples et l'autorité de grands saints, le Père Dorr, dans la pratique, n'y avait nul recours ; d'ailleurs, il les jugeait peu faits pour notre temps et pour notre pays. Il préférait s'en remettre aux circonstances, aux évènements amenés par le cours ordinaire des choses. Chaque novice était servi et formé par la Providence ; il n'apprenait pas à *jouer* avec des difficultés imaginaires, il apprenait à vivre. Est-ce que la vie n'est pas la même partout, fournissant à tous mille occasions d'exercer la patience et l'humilité ? Au noviciat, ces occasions manquaient moins qu'ailleurs. C'est une nécessité pour un ordre apostolique et par conséquent pour la Compagnie, de former ses enfants à la vie intérieure d'abord, mais aussi, en même temps, à la vie extérieure. Dès leurs premiers pas dans la carrière, ils vont vers cette double fin de l'Institut : se sauver, sauver les âmes. Ils préparent donc en eux-mêmes l'instrument nécessaire à ces travaux. Aussi, lorsque les circonstances normales laissent à l'œuvre de l'éducation toute sa liberté, le novice est sans cesse en activité de service, payant de sa personne, exposant ses qualités comme ses défauts, en même temps très caché, dans l'ombre d'une vie commune et très visible sous le regard de tous. Une charité bien entendue délie à certaines heures les langues fraternelles mais sincères : elles disent ce qui manque ou ce qui excède, ces riens, si l'on veut, mais qui sont autant d'obstacles, très graves parfois, au succès des ministères, à l'œuvre divine dans l'Eglise, puisque Dieu daigne se servir des hommes pour conduire et sauver les hommes.

Ces pensées ne nous éloignent pas du Père Dorr, elles sont à lui, il en était pénétré, il s'en servait, à l'affût de chaque occasion, pour élever les siens dans cette humilité profonde, mais en même temps joyeuse, *sans-façonnière,* vaillante et de belle humeur qui devrait accompagner dans ses combats un homme apostolique. Sans cette vertu, le découragement survient, la tristesse s'engendre. Point d'humilité, disait-il, point de sécurité pour les vocations. Les humbles seuls ont assez de tempérament pour résister et durer, surtout dans ces heures redoutables, — c'est encore sa remarque, — où Dieu ébranle et secoue l'arbre humain, ou, si l'on veut, le Jésuite jusque dans ses racines en lui disant : « Je veux voir si tu tiens. » Survenait-il en récréation après un exercice public, un

sermon, par exemple, volontiers et très simplement, il demandait à chacun son avis sur le
prédicateur en herbe, assis de bonne grâce sur une
sellette qui lui était présentée sans qu'il s'y
attendît.

Pendant les années de formation, au noviciat en
particulier, le futur religieux, on peut le dire en
toute vérité, s'exerce à bien des métiers et traverse
bien des professions. Ascète pendant la grande
retraite, pèlerin pendant un mois sur les grandes
routes, infirmier dans les hôpitaux, catéchiste
dans les prisons ou dans les paroisses, parfois
prédicateur, parfois professeur, ou d'écriture,
ou d'orthographe, ou de prononciation. Que de
ressources à travers tant d'expériences pour
obéir au précepte de l'antique philosophie, se
saisir sur le vif et se connaître, connaître ses
défauts, les réduire s'ils ne sont pas irréduc-
tibles, aimer à ce qu'ils soient manifestés, du
moins à nos yeux, ne serait-ce que pour diminuer
la folle estime que l'homme a de lui-même et
l'amour éperdu qu'il se porte. Ces dernières paroles sont du Père Dorr. Il estimait plus l'humilité de l'homme qui accepte avec joie d'être repris,
que celle d'un autre qui se croirait parvenu, par
une grâce extraordinaire, au plus haut degré
d'oraison. Le démon peut bien se déguiser pour

nous élever à notre propre regard, mais jamais
pour nous abaisser.

Un homme d'un certain âge, entré dans la Compagnie, recevant sur son genre, sur son caractère,
peut-être même ses manies, un certain nombre
de remarques, se mit à pleurer. En telles circonstances, le Père-Maitre était généralement silencieux, mais, cette fois, se méprenant sur la cause
de ces larmes, il jugea à propos d'intervenir, faisant observer que ces remarques ne portaient sur
rien de bien grave, et que, peut-être, il fallait en
laisser quelque chose à la sévérité ordinaire chez
les jeunes gens. « Ah ! mon Père, reprit le novice,
veuillez excuser mon émotion, mais j'ai pleuré de
joie. Dans le monde, j'ai inutilement cherché un
ami qui voulût bien m'avertir de mes défauts, je ne
l'ai jamais trouvé. » — « On ne le trouve pas,
ajoutait le Père Dorr, quand il rapportait ce fait,
parce que ce serait trop périlleux ; l'amitié n'y
résisterait pas ; elle ne vit qu'en s'aveuglant, ou,
du moins, en se taisant. »

Lui-même, toujours au courant des moindres
incidents de la vie commune, toujours en éveil sur
les périls possibles des siens, prévenait l'erreur
d'un seul ou de tous, tantôt dans les entretiens
particuliers, tantôt dans les conversations pu-

bliques. Aucun détail ne fatiguait sa patience ou ne lassait son attention. Extrêmement soigneux de ménager jusqu'à la moindre parcelle du temps laissé à ses plus jeunes fils, il aimait à se rendre compte de l'emploi qu'ils en faisaient : lettres, résumés de conférences, notes ou canevas, il parcourait toutes choses, non pas avec l'œil du maître, mais avec celui du Père ou de l'Apôtre dévoré du souci de la gloire de Dieu et du désir de lui préparer de bons serviteurs.

Quel ne fut pas son étonnement, lorsqu'un jour, on lui proposa de faire copier je ne sais quel manuscrit par les novices qui, disait-on, n'avaient rien à faire. — Rien à faire ! lorsqu'ils n'arrivaient à suffire à leur besogne que par une économie des moindres instants. — Quelques-uns ont redouté que l'ennui ne se glissât au milieu d'exercices souvent monotones. Le Père Dorr partageait cette crainte, mais il savait bien écarter tout ennui, et la vie intellectuelle comme la vie spirituelle était vraiment débordante au noviciat.

Les maladies de l'âme affectent l'esprit ou le cœur. Les plus graves sont celles de l'esprit, et Mgr Pie pensait que notre époque est surtout atteinte de celles-ci. Le grand théologien le disait en ces termes :

« Quand je demande aux sages de ce temps quelle est la plus grande plaie de la société actuelle, j'entends répondre de toutes parts que c'est le dépérissement des caractères... Mais cette réponse provoque elle-même une question ultérieure : D'où vient ce symptôme si grave ? N'est-il pas vrai qu'il est la conséquence naturelle et inévitable de l'affaiblissement des doctrines ?... Par suite, nous sommes faibles, hésitants.... nous marchons dans la nuit.... Pour vouloir, il nous manque de voir.... »

Oui, le péril des erreurs est plus grave que celui des mœurs, et l'Eglise elle-même est mieux défendue par son divin Fondateur contre les fausses maximes que contre les scandales. Le Pape est infaillible, il n'est pas impeccable. — Aussi, le Père Dorr voulait-il que l'œil du religieux, suivant la parole de l'Evangile, eût toute sa lucidité. Une parole contre la sainteté de la profession religieuse le blessait au plus intime de l'âme. Indulgent pour les personnes, il était véhément contre ces faux principes qui abaissent le niveau de la perfection, ou, comme il le disait, font d'assez braves gens au lieu de faire des saints. — Sous ce rapport, il répudiait tout l'héritage du siècle, il avait peur que cet esprit subtil, pénétrant et corrompant l'atmosphère, n'amoindrît l'estime de la pauvreté, de la mortification, de l'obéissance, surtout de la pauvreté. Il voyait le goût de plus en plus vif des hommes de ce temps pour le luxe, le confort, la richesse, les grandes dépenses, le train fastueux de la vie contemporaine.

Non seulement un principe, mais une remarque, un simple mot lui faisait peur, s'il allait contre l'intégrité, la virginité de la doctrine religieuse. Il relevait une expression peu juste, une altération quelconque, volontaire ou même involontaire ; peut-être moins encore, une manière de parler, une simple réflexion, si elle n'était point d'accord avec l'esprit religieux. Il ressemblait au Père Roothaan, général de la Compagnie, reprenant, non sans vivacité, une erreur d'expression. — Après l'érection d'une nouvelle province, on apprenait la mort d'un jeune religieux. Quelqu'un remarqua qu'il serait le premier inscrit sur le nécrologe : « Ah ! mon Frère, répondit le Père Maître, notre cher défunt est entré dans une patrie où il n'y a plus de distinction de provinces. » — L'observation du novice n'était pas inexacte, mais la parole du Père Recteur rappelait l'universalité de la charité et l'unité de la famille religieuse.

Il arrive parfois qu'on néglige de petites vertus, de médiocres qualités, d'un usage assez commun dans la vie, d'ailleurs faciles et sans éclat. On s'excuse de ne pas les avoir sur l'heure, parce que on les aura, dit-on, quand on voudra, et puis, c'est si peu de chose. En attendant, on s'en passe et le prochain en souffre, surtout dans une vie de communauté. Certes, le Père Dorr ne l'entendait pas ainsi. A tous les enfants de la Compagnie, à côté des vertus qui font les saints, sans opposition avec elles, au contraire, comme leur floraison naturelle, il voulait celles qui font les hommes de bonne compagnie, commodes à vivre, facilement contents, ni gênés ni gênants, se tirant d'affaire par eux-mêmes et attentifs à multiplier le bien autour d'eux. Le dernier conseil s'adressait plutôt aux Pères du troisième an, les autres étaient pour tous. De tous, il réclamait la ponctualité, l'exactitude. Elle manquait, paraît-il, à un illustre évêque, Mgr de Forbin-Janson, et le Père Lacordaire l'en a excusé et accusé à la fois dans l'oraison funèbre que citait le Père Dorr.

« Certaines habitudes domestiques n'ont pas d'éclat, mais, tombant goutte à goutte dans le commerce de la vie, elles adoucissent les relations, diminuent les difficultés, répandent sur les affaires une heureuse onction. Je nommerai l'exactitude pour me faire comprendre. »

On comprenait fort bien à Nancy, dit-on, et même lorsque l'orateur ajoutait : « Mgr de Janson, Messieurs, n'avait jamais eu l'occasion d'acquérir ces ornements de détail qui achèvent la structure morale d'un homme et ajoutent aux grandes lignes de sa physionomie l'expression d'un travail fini. »

Ornements de détail ou non, le Révérend Père y tenait. Il ne supportait pas qu'on se fît attendre, comme ferait, ou plutôt comme ne ferait pas un grand seigneur, puisque l'exactitude est la politesse des rois. Il s'excusait en certaine occasion d'avoir été retenu bien malgré lui, mais, ajoutait-il, malicieusement : « Comment se fait-il qu'étant si fort en retard,... je ne sois pas néanmoins le dernier ? »

Il aimait qu'on servît les autres et moins qu'on se fît servir. Il ne laissa l'aiguille et le fil, pour son usage personnel, que dans la vieillesse, lorsque sa main tremblante rendit tout à fait impossible un travail où la vérité oblige à reconnaître qu'il n'a jamais brillé. Comme Chateaubriand ou plutôt comme saint François-Xavier, il disait : « Mes dix doigts sont mes seuls valets. »

Peut-être avait-il un faible pour les gens expéditifs, naturellement alertes et dégourdis qui disant : « C'est bien facile » plus souvent que :

« C'est bien difficile, » vont de bon cœur à la besogne et en redemandent.

Au contraire, il poursuivait les délicats à l'excès, les retardataires de profession, les hommes à qui il manque toujours quelque chose, que tantôt la santé, tantôt le genre de ministère préoccupe et inquiète.

N'est-ce point beaucoup que cette intrépidité ordinaire et vulgaire, mais quotidienne, mais invariable, cet oubli de soi, cette promptitude à rendre service, ce mépris de médiocres inconvénients, ce parti pris d'être bien quand même, d'aller son chemin et de mourir à son poste ?

Comment ne pas se souvenir ici d'un religieux vraiment héroïque qui fit, sous la direction du Père Dorr, sa troisième année de probation ? Faible, malade, miné par la fièvre, crachant le sang, il allait toujours, répétant sa devise joyeuse et courageuse : « Il faut vivre aussi longtemps qu'on n'est pas mort. » — Un matin, il se leva comme la communauté, à quatre heures, et voulut, comme les autres Pères, visiter le Très Saint-Sacrement ; il s'arrêta toutefois à une faible distance de la chapelle. En sortant, ses Frères le virent immobile, debout près de l'appui d'une fenêtre : il n'était plus. N'était-ce point vivre jusqu'au bout de la vie ?

7

D'ailleurs, la mort fut clémente pour plusieurs de ses fils qui le précédèrent dans la tombe, quelquefois même glorieuse. Telle fut, en 1870, à Saint-Vincent de Laon, la fin d'un religieux qui lui demanda de s'enfermer dans la citadelle bientôt assiégée par l'armée allemande. On sait ce qui advint : la forteresse fut détruite plutôt que d'être livrée par ses défenseurs qui s'ensevelirent sous les murailles. On retrouva le corps du Jésuite, et il fut inhumé dans le cimetière de Laon, avec cette inscription gravée sur sa tombe :

Disruptus in arce.

Or, la dernière ligne écrite le matin dans le cahier de ses méditations était celle-ci : « Plutôt être mis en pièces, *disrumpar potius*, que trahir ma vocation. »

Les grandes âmes étaient à l'aise, sous la direction du Père Dorr. Avec une vertu éminente, il avait une science consommée des voies spirituelles, et son désir continuel était que nul ne se dérobât au plan de la Providence. Combien sont sortis de son école, après le troisième an, armés et formés pour toute la vie, n'ayant plus pour marcher sans hésitation qu'à se souvenir. Il aimait à proposer un idéal à ses disciples ; il le fit jusque dans sa mort. Le religieux qui le veillait

dans sa dernière maladie et quelques heures avant
sa fin, croyait le vénérable malade dans le délire :
des lambeaux de phrases, des pensées incohé-
rentes, semblait-il, venaient sur ses lèvres. Mais,
quelques jours après, il retrouva ces mêmes paroles
dans la vie d'un saint personnage que le Père
Instructeur lui avait proposé pour modèle. Ce
cœur apostolique survivait à la ruine de son
corps : son âme était pleine de paroles que sa
bouche ne pouvait plus exprimer.

Attentif aux inspirations et à la mesure de la
grâce, n'ignorant pas qu'elle est diverse, qu'elle a
ses heures et ses moments, que toutes ses avances
ne constituent pas des devoirs rigoureux, il savait
attendre, s'arrêter, pour ainsi dire, sur le seuil
des âmes. A Dieu seul d'en éclairer les derniers
replis et de leur imprimer le mouvement qui lui
convient.

Sur les plus vaillantes comme sur les plus
faibles, il se taisait également ; sa discrétion était
telle, qu'il se défendait d'une louange autant que
d'une critique. S'il eût parlé des uns avec éloge,
on aurait pu interpréter son silence comme un
blâme pour les autres. Sans ignorer que le secret
sacramentel ou même professionnel ne serait pas
violé, il pensait justement que le supérieur et le
confesseur font bien d'aller plus loin que les

défenses de l'Eglise ou de la règle, afin que péni-
tents ou sujets se reposent sur l'inviolable fidélité
de leur commerce. Le vit-on, sur ce point sensible
et parfois douloureux, se départir de la plus
extrême réserve et a-t-on jamais entendu quelqu'un se plaindre qu'une parole, tombée dans ce
cœur, en fût sortie?

Certes, tout ne sera pas dit sur le Père Dorr,
sur les grands côtés de son caractère, de sa vertu
ou de son talent. Plus encore que les œuvres
façonnées par la main des grands maîtres, les
âmes que Dieu a particulièrement travaillées et
qui se sont mieux prêtées à lui, attirent le regard
et le retiennent... quand on sait voir. — L'ignorant passe devant un chef-d'œuvre : il pense qu'un
coup d'œil suffit à le connaître et à le juger, et,
après des heures de contemplation, l'artiste y
revient avec la joie de trouver encore des merveilles.

Sans égaler visiblement la taille des saints, sans
leurs miracles, sans leur éclat, le Père Dorr leur
ressemble en cela que l'on peut regarder dans
toute sa vie et fouiller tous les coins de son cœur
ou de son esprit, toujours on trouve une leçon, un
exemple. Telles sont la beauté et la vigueur de la
discipline religieuse, quand une âme se soumet
pleinement à elle.

Le Père Dorr n'a eu d'extraordinaire que son extraordinaire fidélité à sa règle. N'est-ce point, entre plusieurs, la raison qui attache à son exemple, et la leçon qui ressort de sa vie ? — Ailleurs l'attention est nécessairement attirée par de grandes actions, par des travaux illustres, par un large sillon ouvert au milieu des hommes, ici on ne voit que le religieux. Est-il rien de plus grand ? Ce fut la réponse du Père à un jeune homme qui entrait au noviciat en avouant et en accusant le regret de renoncer à toute dignité ecclésiastique ou séculière. « Soyez humble dans la religion, dit le Père Maître, et vous serez assez grand devant Dieu. »

Nous sommes loin de recueillir toutes ses paroles ; il en est une cependant qu'il est impossible d'oublier : elle revenait trop souvent, elle tenait une place trop importante dans la formation apostolique. Le Père Dorr l'avait reçue de saint Ignace, et il la donnait à son tour comme une des lois essentielles aux ouvriers de l'Evangile : « Ne pas s'isoler sur son champ. — Partager sa besogne, moins pour diminuer la peine que pour multiplier la moisson ; *faire faire*, comme il disait, avec la raison et la sagesse des choses divines et des choses humaines. Les unes comme les autres, dans le monde présent, ne se font bien que par la division du travail. » Dans ses retraites, lui-même, nous l'avons vu, avait pris cette maxime : « Multiplier le bien, susciter des coopérateurs. » Tout homme est si limité et son travail s'arrête si vite ! — Souvent il revenait sur cette nécessité de l'apostolat. « C'est la leçon de l'histoire, disait-il, la coutume des saints, la méthode des missionnaires. Que seraient-ils, que feraient-ils sans leurs catéchistes ? C'est la tradition fondée par les premiers disciples de l'Evangile et par Notre-Seigneur lui-même. A son départ, il laissait, pour convertir le monde, quelques pêcheurs. Lui les avait formés et là s'était arrêtée son action. » — Dans la nature humaine, façonnée par la main divine, le Père Dorr trouvait ce même besoin d'agir ou de donner, éclairé par une parole profonde que le Maître a déposée dans son Evangile : *Beatus est magis darc quam accipere.*

Cette méthode fondée sur les lois de la Providence répond à un besoin universel et elle est d'une application constante. — Une mission à la campagne ou en ville, un collège, une usine, un bagne même en ressentiraient le bénéfice. Dans une paroisse évangélisée, les enfants seront les premiers ouvriers de la mission, la femme déterminera le mari à se rendre au confessionnal, parce qu'elle en a été chargée par « le Père. » Les Congrégations feront fleurir la piété et le bon esprit dans un collège. L'ouvrier sera gagné par un ouvrier, le soldat par un soldat. A Cayenne, un déporté était converti par un autre déporté. — La raison commune, invariable est que les hommes subissent nécessairement l'exemple des autres hommes.

L'association décuple les énergies du bien ou les énergies du mal : grand principe que, par un déplorable aveuglement, nous avons laissé entre les mains de nos ennemis. Nous eûmes peur de leurs cris, quand ils dénonçaient la Congrégation, et nous ne remarquions pas qu'en détruisant celle de Dieu, ils avaient grand soin de reconstituer celle du diable. L'arme n'était si dangereuse entre nos mains, que parce qu'elle était excellente pour eux.

S'isoler dans le gouvernement, n'accepter aucun concours, prendre toutes les responsabilités, et par conséquent payer toutes les fautes, les multiplier même, puisqu'un seul ne peut suffire à tout, c'est l'erreur d'un esprit médiocre ou étroit, et le Père Dorr était bien incapable de la commettre. Nul n'aima plus que lui l'unité de l'autorité, la division du pouvoir. Réalisant à peu près le vœu de saint Thomas pour la constitution par-

faite de la république, il associait tous les siens
à son commandement : qui à la bibliothèque, qui
au jardin, qui dans les catéchismes ou ailleurs,
chacun avait son office, sa préfecture, comme on
disait alors, et la dignité, assurément très modeste,
était encore une école, une formation pour le
dignitaire. Sans qu'il le dit et sans qu'on le sût, le
Père Dorr, ennemi des improvisations, prévoyait
et préparait l'avenir. Des jeunes gens appre-
naient, sans même s'en apercevoir, les principes
du gouvernement religieux et se formaient à
l'exercer un jour. — C'était sagesse, puisque les
qualités humaines n'ont point de progrès soudain
et chaque fonction réclame son noviciat ou son
apprentissage.

Grâce à ce partage, nul ne se désintéressait du
bien commun ; il y avait, pour l'obtenir, conspira-
tion unanime, travail de tous utile à tous. Nous
retrouvons encore ici le plan de la Providence qui
ne veut pas qu'un seul être s'isole dans la nature
et qu'il soit inutile à l'univers.

La maison de Saint-Acheul où le Révérend
Père Dorr a vécu plus longtemps qu'en toute
autre, conduite avec cette sagesse et cette mesure,
portait bien la trace de son cœur et de son esprit.
On peut dire, sans rien outrer, qu'elle ressemblait
à son Recteur.

L'aspect était austère ; l'histoire avait passé par
ces lieux, jadis illustres, en y laissant de graves
leçons. Après l'abbaye fondée sur le tombeau de
saint Firmin, premier apôtre de la région, après
le collège d'un grand renom ouvert et florissant
sous la Restauration, après ces grands jours
disparus, je ne sais quelle tristesse des ruines et
des souvenirs pénétrait l'âme sans toutefois
l'assombrir. — Les jeunes religieux, aux heures
de la prière ou du travail, semblaient ajouter à la
profondeur du silence. Leur modestie était une
exhortation au recueillement et comme un signe
de la présence divine.

Combien de fois des étrangers, introduits dans
la maison, la parcouraient avec une sorte de stu-
peur, s'étonnant eux-mêmes de la sonorité de
leurs paroles qui remplissaient seules ses larges
avenues.

Un pauvre garçon n'y tint pas, et sa fuite préci-
pitée égaya plus d'une fois la récréation des
novices. Un Père, missionnaire des forains, l'avait
rencontré au cirque et lui croyant ou lui prêtant,
sur son propre fond, des aspirations à la vie religieuse, il l'avait, un soir, introduit à Saint-
Acheul, espérant qu'il retiendrait de son premier
métier au moins la facilité de franchir les obstacles.
Hélas ! il échoua dès le premier, et ce grand silence

du noviciat, auquel il était peu accoutumé, lui donna une telle impression de crainte que, dès le lendemain, avant quatre heures, il errait devant la porte d'entrée, attendant qu'elle fût ouverte. Sitôt la chose faite, il se précipita, ne fit qu'un bond pour sortir ou s'enfuir.

L'apparence était sévère, la réalité était douce. Saint-Acheul cependant n'avait aucune magnificence, excepté cette splendeur de l'ordre, cette décence suprème des choses dont saint Augustin fait l'un des ornements du ciel. Impossible de trouver dans la grande maison un coin qui ne fût pas resplendissant de propreté, un service ou un office en souffrance. Aucun détail ne fatiguait la patience du Père Dorr, dès qu'il y voyait un profit pour la formation des religieux et leur parfaite éducation. Il les avertissait par un mot, d'une orthographe défectueuse, d'une phrase incorrecte, d'un sentiment qui n'était point exprimé avec une justesse convenable. Nul ne connaissait mieux l'adage antique : « *Bonum ex integra causa, malum ex quocumque defectu.* »

L'ordre n'était point seulement dans la maison matérielle, il régnait dans les esprits et dans les cœurs. Dans sa cellule, voisine du Très Saint-Sacrement, aux pieds duquel il a passé tant de moments précieux, le Père Recteur associait tous les siens à son œuvre unique : étendre le règne de Jesus-Christ. Chacun sortait de son entretien avec un amour plus fort et plus généreux pour Dieu et pour ses frères.

Ce modeste état ressemblait à la république, non point de Platon, mais de saint Augustin : en même temps qu'il marchait vers la cime de l'éternelle béatitude, il ornait la vie présente de toute la félicité possible : « *Et terras vitæ præsentis ornaret sua felicitate respublica, et culmen vitæ æternæ beatissime regnatura conscenderet.* »

Saint Jean Chrysostome, non point plus éloquent, mais plus ému et plus tendre qu'à l'ordinaire dans sa défense de l'institution religieuse, en se souvenant du monastère où s'écoulèrent ses jeunes années, a dit des paroles que Saint-Acheul, pour résumer son histoire d'alors, peut emprunter au grand Docteur :

« Sainte maison, que je voudrais ouvrir tes murailles et inviter les hommes à contempler les merveilles qu'elles renferment. Ils sont beaucoup et ils n'ont qu'une seule âme et un même mouvement ; sont-ils affligés, leur peine, partagée entre tous, s'amoindrit ; sont-ils heureux, leur joie grandit en se partageant. Chacun est dans la maison comme une lyre dans un concert, comme une fontaine dans un jardin. » (*Adversus oppugnatores vitæ mon.* Lib. III, passim.)

Le premier artisan de cette paix profonde n'ignora pas toujours les bénédictions accordées à son œuvre. A propos d'une lecture où l'auteur signalait quelque manquement à la discipline religieuse chez les condisciples de saint Louis de Gonzague et de saint Jean Berchmans, quelqu'un remarquait que ces fautes extérieures ne se verraient pas à Saint-Acheul.

« C'est vrai, répondit le Père Recteur, et j'ai choisi cette lecture afin que tout le monde se réjouit chez nous dans l'unanimité de l'obéissance et de la ferveur. »

V

Le Père Dorr à la campagne.

Les lignes qui précèdent ont quelque chose d'austère ; celles-ci seront plus attrayantes. L'édification n'est pas moindre, elle est d'un autre genre. Nous n'avons pas entendu le Père Dorr prêcher (il ne faisait pas de sermon), mais nous l'entendrons converser. Le discours, plus libre, plus aisé, souvent interrompu, emporté par une saillie, plus sincère ou du moins plus vrai, trahira mieux son âme, son cœur, et même son esprit. Ceux qui ont vécu dans son intimité ont compris que l'homme, chez lui, valait mieux que l'orateur. Mieux encore que dans ses conférences ou ses exhortations, il enseignait par le seul exemple de sa vie, la politesse religieuse de ses manières, son enjouement même qui tempérait l'austérité de sa personne et montrait chez lui l'affabilité de la vertu.

Saint Thomas n'aime pas ces hommes incivils et moroses qui ne veulent d'aucun délassement et ont le défaut, *vitiosi sunt*, de les blâmer dans le prochain. Ces reproches n'atteignent pas le Père Maître des novices. Il aimait de tout son cœur la joie des récréations fraternelles, l'agrément d'un jour de congé et les deux semaines de vacances qu'il passait à la campagne, au milieu de sa famille religieuse. Pas n'est besoin d'en chercher laborieusement les raisons : elles se présentent d'elles-mêmes et nombreuses. La première est sa profonde affection pour la communauté de ses frères et de ses fils. On ne peut guère aimer les siens et se déplaire dans leur compagnie. A ses yeux, et il l'a dit plus d'une fois, l'importance de la récréation égalait l'importance même de la méditation. C'est que l'homme est toujours où est son cœur, et si le cœur est dehors, il le rejoindra bientôt. Il en savait des exemples qui confirmaient singulièrement sa doctrine. D'ailleurs, qui ne sait se reposer ne sait non plus travailler, et, accablé sous le poids d'un labeur excessif, il ne mène plus cette existence moyenne ou mitoyenne que saint Thomas encore réclame pour la pratique de la piété.

Sur ce point donc comme sur tous les autres, le Père Dorr partageait la pensée de saint Ignace. Le saint Fondateur a voulu que, dans la Compagnie, chaque maison d'études, chaque séminaire pos-

sédàt une vigne ou une terre au milieu des champs.
Le collège Romain avait la sienne illustrée par le
passage et le souvenir de nos jeunes saints.
N'est-ce point surtout à la campagne que se révé-
lait l'industrieuse charité d'un saint Jean Berchmans? Aussi, le Père Maître comptait bien que
ces jours de loisir ne seraient point perdus pour la
formation des jeunes religieux, et quand on l'aura
suivi sur ce nouveau terrain, on pourra compléter
sa parole sur l'importance d'une récréation religieuse et dire que des vacances passées comme
il les désirait et comme il les préparait, seraient
presque aussi profitables qu'une retraite.

Ici encore, lui-même nous instruira. Avant de
quitter Saint-Acheul, et peut-être dans la prévision
de ce départ, il avait réuni quelques notes sous ce
titre : *Délassements*. C'est dans ce petit trésor que
nous puiserons.

Saint-Acheul avait donc sa maison des champs,
sur la paroisse de Cagny, dans un pli de terrain où
elle se cachait et se défendait contre les grands
vents. Rien de plus simple que la maison assez
étroite avec une annexe branlante, aujourd'hui
renversée par une chiquenaude de la tempête, et
qui servait alors de réfectoire et de dortoir. Pour
y dormir, il fallait dix-huit ans et une conscience
de novice. Le jardin grimpait sur une colline,

longeait un pré marécageux ou se relevait en s'étendant sous le regard de la façade intérieure. — Evidemment, on n'allait pas à Cagny pour contempler les grands spectacles de la nature, comme ils disent. On n'y voyait ni la mer ni les montagnes, ni les larges plaines, pas même les paisibles vallons et leurs eaux limpides. — Sans recourir à ces grands moyens, le bon Dieu sait faire très bien, dans un coin de verdure, avec de vieux arbres, quelques plantes un peu folles ou sauvages, un bout de prairie, un rayon de soleil ou une légère buée qui se suspend aux rameaux et se déchire aux buissons.

On avait cette magnificence à Cagny et, avec elle, la beauté du ciel, la profondeur du silence, le calme des choses, le concert très doux des infiniment petits. Le Père Dorr aimait cette nature tranquille et bonne, sinon comme les artistes et les rêveurs, ce qu'il n'a pas dit, du moins comme les fils de Dieu. Les saints sont bien partout, ils sont mieux dans la solitude. La majesté et la bonté de Dieu se manifestent plus à leur regard que dans les villes où son œuvre est voilée. « La clarté du gaz, écrit Louis Veuillot, ne pénètre pas dans le cœur ; celle des étoiles y descend. »

Le Père Dorr entend cette voix de louange que l'Esprit a donnée à toute créature lorsqu'il planait sur les eaux d'où le monde allait sortir. Le matin, avec Alcuin et avec l'Ecriture, il invite les oiseaux à bénir le Créateur :

Omne genus volucrum matutinas personat odos
Atque Creatorem laudat in ore Deum.

Toute la gent ailée est à dire matines
Et bénit le bon Dieu sans oraisons latines.

Le soir, il aime la douceur de la nuit, lorsque la lune glisse dans un ciel silencieux :

Tacitæ per amica silentia lunæ.

Il écrit :

« Dans les bosquets à peine éclairés par une faible lumière, on voit ce beau ciel parsemé d'étoiles que notre bienheureux Père ne se lassait pas d'admirer et l'on se rappelle ce cri de douleur échappé à un hérétique, Théodore de Bèze : « Beau ciel, je t'ai perdu, je ne te verrai jamais ! »

Les fleurs semées avec une telle profusion, même dans l'obscurité des bois, sur les rochers solitaires, lui rappellent la magnificence de Dieu, sa libéralité, et l'invitent à la reconnaissance.

Il pense des arbres comme Mgr Pie et saint Bernard et cite leurs aimables paroles :

« Le docte abbé de Clairvaux, si versé dans la connaissance et dans le goût des Ecritures, déclarait avoir acquis surtout ce don en priant dans les forêts; il disait agréablement à ses amis qu'il n'avait jamais eu de maîtres que les chênes et les hêtres. »

Les eaux qu'il rencontre le font songer à tant de grâces reçues par leur ministère. Les paroles suivantes sont encore de lui :

« La divine Providence, dans sa bonté, a voulu multiplier les eaux bienfaisantes qui guérissent les maladies du corps;... Elle a voulu que l'eau fût encore employée pour nous faire ses enfants;... Elle s'en sert pour nous communiquer une foule de faveurs... Aussi trouve-t-on une fontaine miraculeuse dans un grand nombre de pèlerinages et presque à chaque pas à Rome. »

Il voyait dans cette tradition l'origine d'un proverbe jadis chrétien : « Croire et boire de l'eau », et rappelait que les fontaines avaient souvent jailli aux lieux illustrés par les miracles et visités par les pèlerins.

Les poètes ont dit souvent que les eaux, les cavernes, les rochers, les rivages pleurent ou se réjouissent, redisent les noms aimés, prêtent une voix à nos passions. La fiction sert de voile à la réalité. L'invention de Dieu a précédé celle des hommes, c'est de Lui que parle toute la création ;

elle est un de ses livres écrit avant l'Evangile :
*Invisibilia enim ipsius, a creatura mundi per ea
quæ facta sunt intellecta conspiciuntur.*

Telle était bien la terre à ses yeux : un vaste
autel moins saint que l'autel eucharistique, auguste
cependant, puisque l'image de Dieu s'est reposée
sur lui. La vieille province de Picardie lui était
chère à cause des saints qui l'ont illustrée. Volontiers, il lui appliquait le vers de Racine, légèrement
modifié :

> Quel pays fut jamais plus fertile en miracles ?

Parmi ces saints personnages, plusieurs ont
vécu à Amiens ou dans la campagne voisine. Le
Père Dorr avait recherché les lieux sanctifiés par
leur présence et trop souvent oubliés aujourd'hui.

Corbie avait été, par son abbaye longtemps
fameuse et fervente, la terre privilégiée des saints.
La grande thaumaturge du xiv siècle, sainte
Colette, y est née. On vénère la maison où fut son
berceau, l'emplacement de l'étroite cellule, plus
semblable à un tombeau qu'à la demeure d'un être
humain, où elle fut enfermée et ensevelie, recluse,
comme on disait alors, pour ne plus voir et ne
plus connaître que Jésus-Christ dans son tabernacle.

Pour aller jusqu'à Corbie, la marche était longue, mais à l'arrivée on était récompensé de la fatigue de la route par le bon accueil que M. le Doyen, l'abbé Douillet, attaché par tant de liens du cœur à la Compagnie, faisait aux pèlerins de Saint-Acheul. Il évoquait devant eux le souvenir de sainte Mathilde, fondatrice du monastère en 662, de saint Adélard, le jeune prince carlovingien, neveu du grand empereur, qui brisa, pour suivre sa vocation, une épée déjà glorieuse, de saint Anschaire, l'apôtre du nord, de saint Paschase Ratbert, qui écrivit la vie de ce grand moine appelé, non sans amphase, l'Augustin et le Jérémie de son siècle, et resté lui-même l'un des grands témoins de la tradition eucharistique.

Dans la campagne de Boves, non loin de ses ruines féodales, les novices aimaient à se rappeler qu'Enguerrand de Coucy avait fondé le monastère de Sainte-Marie du Paraclet. Les premières religieuses en furent ses deux filles : Marguerite et Elisabeth.

Au Paraclet même et à son marécage, appartient la légende des grenouilles silencieuses. Au VIIIe siècle, saint Domice, diacre de l'Eglise d'Amiens, s'était retiré dans cette solitude. Une jeune vierge, de grande naissance, sainte Ulphe, conduite par l'Esprit de Dieu, vint l'y rejoindre et vécut sous sa direction dans une cellule construite à quelque distance. De grand matin, saint Domice se rendait à l'office célébré par le chapitre d'Amiens et, en passant, il frappait à la porte de sainte Ulphe qui l'accompagnait dans son voyage quotidien. Un jour, sainte Ulphe ne répondit pas, et lorsque saint Domice, revenant de la messe, lui témoigna son étonnement : « Excusez-moi, dit-elle, mon Père, les grenouilles de nos étangs ont fait cette nuit un tel tapage, que je n'ai pu fermer l'œil, je ne me suis endormie que bien tard et n'ai pas entendu votre appel, mais si vous le voulez bien, et pour ne plus être privée de dire les louanges divines, je prierai le Seigneur et Maître de ces innocentes créatures, lui demandant de leur imposer silence. »

La prière fut exaucée : les grenouilles eurent défense de coasser, et que de fois, plus de dix siècles après l'évènement, nous avons admiré leur obéissance qui ne se dément pas. Il paraît toutefois qu'une condition est requise : les maîtres du Paraclet doivent veiller sur la chapelle de Sainte-Ulphe. La sainte n'est pas d'ailleurs exigeante : un très modeste oratoire décoré de son image lui suffit. Un jour, — vers 1850, sauf erreur, — l'édicule menaçant ruine, la statue fut enlevée dans le dessein d'une restauration. Mais il en fut de ce bon propos comme de plusieurs du même genre, il n'était suivi d'aucune exécution. Les grenouilles ne le comprenaient pas ainsi ; elles firent entendre leurs réclamations. Quel tapage nocturne ! Et, pas moyen de verbaliser... Plus de sommeil au Paraclet. Il fallut refaire la chapelle et, sainte Ulphe rentrée chez elle, les grenouilles se turent. Elles se taisent encore, à moins que l'école départementale d'agriculture, installée depuis peu dans les bâtiments ou plutôt sur l'enceinte du vieux moustier, n'ait délié les langues.

Le pauvre village de Saint-Fuscien et son indigente église domine la grand'route de Paris, sur la droite de Boves. Là, sous la hache du bourreau, tombèrent les têtes de trois martyrs : Fuscien, Victoric, Gentien. Ils avaient été saisis par l'ordre de Rixiovare dont le nom revient sans cesse dans le martyrologe de la province, en un lieu aujourd'hui appelé *Sains*, pour honorer leur glorieux témoignage. De Sains à Saint-Fuscien, les martyrs suivirent une voie qu'il est facile de reconnaître : chaque année, à l'époque des moissons, les épis y poussent plus drus et plus hauts.

Ces traditions sont celles de l'histoire à qui la piété est si utile. Toutefois, bien des chemins parcourus, bien des sites usités ne se recommandaient pour aucun fait mémorable. Les novices y suppléaient. Sur la lisière d'un bois, dans la fente d'un arbre, ou sur une faible élévation et dans le creux d'une pierre, ils plaçaient une médaille précédemment bénite. C'était tout et c'était assez pour inscrire un nouveau pèlerinage sur une carte que n'avait pas dressée le service public des ponts-et-chaussées. On chantait un refrain de cantique, quelqu'un du groupe rappelait une vertu, une parole du saint, objet de cet hommage rustique, puis chacun reprenait sa promenade pieusement et joyeusement interrompue.

On était fidèle ainsi aux recommandations données par le Père Maître et rédigées par lui dans ce qu'on appelait : La Feuille des grands congés, ou, car la voici textuellement :

Une douzaine d'industries à l'usage des novices qui désirent passer religieusement ce jour de repos

1° La veille, avant de se coucher, réciter un *Memorare* pour obtenir du beau temps. On se forme ainsi à cette simplicité qui fait recourir à sa bonne Mère, pour obtenir les faveurs les plus petites comme les plus grandes grâces.

2° Considérer ce grand congé comme un pèlerinage et offrir la marche, ainsi que toutes les petites peines de ce jour, afin d'obtenir quelques grâces particulières pour soi ou pour les autres.

3° Pendant la journée, se figurer souvent qu'on est en pèlerinage ou même dans les missions lointaines, et voir ce que peut notre vertu pour supporter les moindres sacrifices.

4° Se montrer prêt à tout et joyeusement. Ainsi, à avoir tels ou tels compagnons, à faire une longue promenade ou une courte, à aller dans telle direction ou dans telle autre, à marcher vite ou lentement... Cependant, dire avec simplicité son avis si on nous le demande ou si notre santé l'exige,... surtout ne pas se faire attendre au départ.

5° Apporter un soin scrupuleux à ses exercices de piété, leur appliquant le principe de l'avance, les faisant entièrement, sans en retrancher une minute, y apportant une modestie et un recueillement extérieurs d'autant plus sévères, que souvent. à l'intérieur, on est plus porté à la dissipation.

6° L'usage des oraisons jaculatoires est, ces jours-là, aussi fructueux que facile : on ne saurait trop le recommander.

7° S'efforcer de rendre les récréations édifiantes et instructives, parlant nous-mêmes des sujets de piété et aidant les autres à en parler. Quand on a trouvé le secret de ces conversations, comme le cœur se repose et comme l'esprit s'éclaire au milieu de frères pieux et instruits ! Et plus tard, dans les études, dans les collèges, les ministères, comme toutes nos relations seront utiles à nous-mêmes et aux autres !

8° Se former à ce bon ton, à cette politesse que nous devons avoir dans nos rapports entre nous, prenant pour modèles ceux de nos frères qui nous paraissent le mieux en ce genre. Nous rappeler la présence des bons anges, qu'il sera utile d'invoquer souvent.

9° Faire une attention spéciale aux règles de la modestie... Ne pas parler trop fort, ne pas rire avec des éclats. Eviter tout ce qui sentirait le genre écolier, la familiarité qui engendre le mépris.

10° Par dessus tout, développer cet esprit de famille qui n'est rien autre chose que la charité franche, cordiale, délicate, jointe à un respect plein de simplicité. Il faut donc s'efforcer d'aller également avec tous nos frères, et s'il nous paraît impossible de ne pas montrer quelque préférence, que du moins ce soit avec les plus réguliers et les plus fervents que nous nous trouvions le plus souvent.

11° Lorsqu'on reste à la maison, à cause du mauvais temps ou de toute autre raison, il est bon de se former à certains jeux, par charité pour ses frères et aussi en prévision de l'avenir.

12° S'il se présente quelque petite corvée, c'est le cas alors de s'offrir avec empressement, sans attendre qu'on soit demandé. On se dédommage ainsi de toutes les douceurs qu'on est obligé d'accorder à la nature.

NOTE. — Relire cette feuille la veille ou le matin des grands congés, se proposer d'éviter les défauts qu'on a remarqués en soi ou qu'on nous a fait remarquer. On pourrait même faire la méditation sur ces douze industries... Aux examens, se demander compte de la manière dont on a passé ces jours qui, comme tous les autres, font partie du temps que Notre-Seigneur a acheté au prix de son sang et qui nous est donné pour mériter le Ciel.

Le Père Dorr est tout entier dans ces conseils dont la simplicité ne fait que mieux ressortir la profonde sagesse. Ils pénètrent le cœur et l'esprit, semblent vêtir les membres eux-mêmes de modestie, de décence, apprendre la mesure dans les délassements et la discrétion dans la récréation. On reconnaît aussi le cœur apostolique, noblement soucieux de l'avenir, attentif à préparer à la Compagnie les ouvriers inconfusibles que réclament ses travaux.

Aucun détail n'échappe à son attention. A Cagny, dans cette petite campagne dédiée à saint Stanislas, toutes choses arrangées, disposées par lui, même les plus indifférentes en apparence, s'éclairent sous un rayon surnaturel. Le divin s'épanche si naturellement de cette belle âme.

Est-ce le nom même du village ? il en aime l'étymologie. Le chien n'est-il pas le symbole de l'humilité comme de la fidélité ? Il cite les paroles du Révérend Père Rubillon : « *Nos, sumus canes pastoris, quos ille verberare potest opportune importune ; canum autem est verberantis manus ac pedes lambere ac osculari, et semper cum alacritate munus suum circa oves et contra lupum exercere.* Nous sommes les chiens du pasteur, qu'il peut frapper à temps et à contre temps. Même frappé, le chien lèche la main de son maître et court joyeusement remplir son office contre les loups et autour du troupeau. »

Est-ce la porte de la maison ? Il ne se hâte point de sonner une seconde fois, si on ne répond pas à un premier signal, se rappelant que la règle prescrit de n'agiter la sonnette ni trop souvent ni trop fort. D'ailleurs, le portier est absent, ce qui arrive parfois, ou plutôt il n'y a d'autre portier que la charité fraternelle. Je ne sais si ailleurs les confrères de la conciergerie honorent grandement cette vertu, mais à la maison Saint-Stanislas, c'est elle qui tiendrait le cordon, s'il y en avait, et le premier qui entend accourt.

A-t-on ouvert ? Il salue de tout cœur la Maîtresse de la maison : *Causa nostræ lætitiæ*, debout dans son blanc vêtement, à deux pas de l'entrée, toujours souriante à ses enfants, toujours prête à les bénir.

Il regarde si l'horloge remplit bien son office. Le bon Père a la dévotion ou la politesse de l'exactitude. Qu'arriverait-il si elle n'était pas régulière, celle qui assure la régularité de la maison ? Le portefeuille du Père Maître est bondé d'anecdotes, de bons mots... à l'usage des novices. Les horloges ont un chapitre ou du moins une page bien remplie. Il raconte qu'une communauté... ruthénienne voulant entreprendre sa réforme, fit placer, à tous les angles ou à tous les coins importants de la maison, des horloges qui sonnaient bien. Les bons moines se demandèrent d'abord pourquoi, mais ils comprirent bientôt, et la régularité naquit de l'exactitude.

Ailleurs, elles se dérangèrent, mais pour rester catholiques. Ce fut sous l'inspiration du Père Edmond Auger, dans une ville assiégée par les protestants. Le Jésuite apprit que les hérétiques tenteraient l'assaut de la ville de Lyon lorsque les horloges sonneraient le coup de minuit. Elles le sonnèrent, cette nuit, à toutes les heures et déconcertèrent l'assiégeant.

Le Père Dorr citait volontiers certaines inscriptions sur le passage des heures et sur le prix du temps ; celle-ci par exemple :

Utere præsenti.

Profite de cet instant.

ou cette autre, sur l'œuvre fatale de chaque heure :

Vulnerant omnes : ultima necat.

Si le temps marche, il blesse, et s'il s'arrête, il tue.

L'ameublement de la maison était d'une grande simplicité ; cependant, il tenait à ce que les murailles fussent décorées par quelques cartes de géographie. C'était une manière de rappeler les besoins de l'apostolat dans le monde entier et d'enflammer le courage des jeunes religieux en leur montrant l'immensité des contrées à conquérir au règne de la Croix. Pour une autre raison, il aimait ces dessins du monde connu, il voyait chaque plage où a coulé le sang d'un de ses frères :

Quæ regio in terris nostri non plena laboris ?

Quel coin de l'univers n'a pas vu nos travaux ?

8*

Par souvenir de l'Ancien Testament, par dévotion encore, il donnait à chaque allée du jardin, à chaque pièce de la maison, le nom d'un saint. En 1866-1867, une salle assez spacieuse fut construite pour abriter au besoin toute la communauté. Voici en quelle occasion elle fut placée sous le patronage du Prince des Apôtres.

Laissons parler Mgr Languillat, ancien novice de Saint-Acheul, alors évêque-missionnaire, revenu du Kiang-Nang, pour visiter Rome, Pie IX, et consulter ses supérieurs en France. Il avait profité de ce voyage pour revoir le berceau de sa vie religieuse, et la communauté s'était groupée autour de lui.

« La vue de Pie IX, disait Mgr Languillat, me pénétra d'une émotion profonde ; il me semblait qu'un rayon d'en haut, une lumière surnaturelle tombait sur son front. J'ai vu un saint, comme je l'écrivais à mes séminaristes de Tonkadou, mais quel aimable saint ! Sitôt qu'il m'aperçut, le bien-aimé Pontife répéta trois fois en souriant : « *Ecco il mio Nankinese*, » le voici, mon Nankinois ! Moi-même, gagné par sa bonne grâce, je me pris à sourire en me prosternant, mais bientôt, vaincu par l'émotion, j'arrosai de larmes la main de Pie IX que j'avais saisie lorsqu'il me l'avait tendue, en disant : « *Tu es Petrus*. »

La main de Pie IX, en ce moment, trembla dans la mienne et il poursuivit avec moi, d'une voix ferme, les paroles qui établissent sa mission divine : *Et super hanc petram, œdificabo Ecclesiam meam, et portæ inferi non prœvalebunt adversus eam.* En répétant cet oracle de son Maître, Pie IX, je le sentais, faisait un acte de foi... »

L'histoire de l'évêque retentissait dans les cœurs ; en mémoire de son passage et de ce récit, le Père Dorr donna le nom de Saint-Pierre à la salle où l'on s'était réuni.

Ces visiteurs illustres étaient reçus avec joie. Cependant, à l'honneur de leur présence, quelques-uns préféraient peut-être la récréation hebdomadaire du mardi, — jour de congé, — présidée par le Révérend Père Recteur. Les novices se promenaient, en l'attendant sous les hauts peupliers qui ombrageaient leur allée et la défendaient contre le soleil du midi. Généralement, l'attente n'était pas longue ; et cependant, comme pour l'abréger, que de regards jetés sur l'extrémité du jardin, par laquelle on le voyait d'ordinaire descendre ! Bientôt il était au milieu de cette heureuse jeunesse, plus heureuse quand elle le possédait. A un mot, à un signe de lui, qui n'eût volé de grand cœur jusqu'aux derniers confins du monde ? On sentait cette ardeur en même temps contenue et débordante. Chacun en jouissait comme d'une grâce faite à tous et reçue dans son cœur. Et puis, on causait avec la joie de la jeunesse et la joie plus grande de la piété. Le discours allait de l'un à l'autre sans se perdre et sans se mêler, relevé par un mot du Père Maître, laissé cependant à la liberté d'une récréation fraternelle, s'édifiant d'un souvenir, se récréant d'un mot, d'une plaisanterie. C'était le *quolibet* de saint Louis et du bon sénéchal. Ceux qui n'ont pas vu le Père Dorr dans l'intimité de sa jeune famille, soupçonneront difficilement quel agrément et quel charme avait sa conversation.

Il pratiquait les vertus des saints qui répandent tant de suavité dans leurs paroles. Il était humble, par conséquent d'une grande et parfaite simplicité, jamais un mot prétentieux, une pose quelconque. Le dernier de tous, le moins favorisé de la grâce et de la nature sentait que le Père Maître, dans sa propre estime, le plaçait bien au-dessus de lui. Les cœurs lui étaient ouverts, suivant la promesse de l'Evangile. Avec l'humilité, il avait la bonté, cette affection vraie que rien n'imite et ne remplace. Ainsi, un jour, on l'avertit qu'un étranger le réclame. « Ah ! fait-il, sans même entendre sa parole, pourquoi m'arracher à mes enfants? » — Il était apostolique. Toujours, et plus encore dans ces heures d'épanchement, on le sentait si pénétré du désir de faire du bien.

Après les vertus divines, les qualités humaines : l'esprit le plus délicat, le plus fin, le plus pénétrant, le plus facilement enjoué, le plus caustique, trouvant à chaque instant et sans les chercher, les expressions les plus heureuses et les plus justes. — Le Père Dorr avait beaucoup lu et beaucoup retenu. Que de choses on apprenait, en l'écoutant, sur l'Eglise, les missions, la Compagnie, l'histoire contemporaine, les grands écrivains, les hommes illustres par leurs services.

Quiconque avait servi l'Eglise, par le fait même, avait bien mérité de lui et était entré dans son cœur, d'autant plus avant que les services avaient été plus illustres et plus étendus. Parmi les grands catholiques dont il avait suivi les combats sous la monarchie de Juillet et sous le second empire, tous n'avaient pas été également fidèles à leur passé, parfois leur gloire s'était obscurcie dans des alliances suspectes avec les libéraux ou les gallicans ; tel ou tel était mort, comme on l'a écrit, dans une ombre douloureuse. Le Père Dorr le savait, il condamnait les erreurs, mais avec une tristesse indicible en songeant aux personnes. Au sortir d'une conversation où les tenants de l'école dite catholique-libérale avaient été jugés sans excès d'indulgence, il disait en expliquant son silence et même son émotion : « Ils ont raison dans leur sévérité, mais ils m'ont brisé le cœur. » — Que ne l'ont-ils entendu ceux qui se plaignaient de ne pas trouver l'Eglise fidèle à ses amitiés; chez lui l'affection et la reconnaissance ne virent jamais leurs droits méconnus.

Lorsque l'heure de la récréation s'était écoulée, on prenait place sur un banc circulaire, dans une sorte de rond-point consacré, — non sans motif spécial, — au bienheureux Jean Berchmans. Le Père Dorr tirait de sa poche un respectable porte-feuille dans lequel, depuis le mardi soir jusqu'au mardi matin, il avait enfermé, jour par jour, la chronique de la semaine : faits religieux, traits édifiants, la bonne page d'un auteur, une lettre d'un ancien novice, une lettre, mieux reçue en-core, venant de Chine ou des missions lointaines. « Grâce à nos missionnaires, disait-il familière-ment, la Compagnie compte autre chose dans ses rangs que des gardes nationaux qui défendent leurs foyers. » — Sur ces champs évangéliques, tout l'intéressait : le succès des œuvres, les tra-vaux des ouvriers, leurs souffrances. Il advint même qu'en apprenant le départ d'un Père sexa-génaire pour les missions, son espoir d'y aller et au moins d'y mourir se ranima, mais Dieu ne lui accorda que le désir de cet honneur, pour l'en récompenser.

Le bienheureux Berchmans, chez qui nous sommes présentement, avait coutume, au collège Romain, de réunir quelques jeunes religieux les jours de congé. L'un d'eux exposait la vie et les vertus de quelqu'un des anciens Pères. Le Père Dorr avait hérité de cet usage et l'*Académie*, comme on disait au noviciat, s'ouvrait sous sa présidence perpétuelle. Ce n'était point une conférence, ce n'était pas une récréation, c'était quelque chose d'intermédiaire. Il fallait écouter et suivre, on pouvait interrompre, interroger. Le Père Dorr prévenait une objection, ajoutait un détail. — Cependant, le jeune historien poursuivait son œuvre qu'il avait eu le loisir de mener à bien. Les uns s'aidaient de quelques notes, les autres se fiaient à leur mémoire qui ne les trahissait pas encore.

Chacun apprenait à parler en public, avec aisance, modestie, sans emphase, sans déclamation. Comme toujours, le prudent économe de la maison de Dieu prévoyait et préparait l'avenir. Le noviciat, à proprement parler, n'est pas une école : les études y sont interrompues et les livres

fermés. Mais on apprenait et ce que les livres ne
disent pas et ce que les livres ont de meilleur;
l'éloignement même des études profitait au futur
étudiant. Pour peu qu'il voulût se prêter à une formation presque insensible, mais de tous les instants, il avait appris à résumer une conférence ou
un discours, à présenter brièvement les idées
saillantes, à corriger les défauts de l'accent et du
terroir, à écrire même ou à dire avec une simplicité élégante, à payer de sa personne, s'il le fallait, pour improviser une charade, réciter un
monologue ou, plus brièvement, conter une his-
toriette trouvée dans la vie des Saints. — D'autres
ou les mêmes s'improvisaient décorateurs : avec
quelques fleurs, au besoin quelques lambeaux
d'étoffe, ils ornaient un autel, ils préparaient une
fête ou une soirée. C'était l'usage, pendant les
vacances, de se réunir à la dernière heure du jour,
et le noviciat, sous l'œil du Père Maître, s'offrait
une séance. Elle était remplie par une fable, un
cantique, un impromptu, plus rarement une say-
nète. Le Père Dorr avait un goût pur, délicat,
sévère même; son oreille n'aurait supporté aucun
accent profane et moins encore burlesque.

Lui-même indiqua le programme d'une de ces
fêtes pieuses et littéraires. Un conflit était sur-
venu à propos de la dédicace d'un édicule élevé
par les novices. Les uns voulaient l'offrir au véné-

rable Père de la Colombière, les autres à saint François-Xavier. Les raisons alléguées de part et d'autre ne convainquaient personne. Jour fut pris pour un débat solennel. Chaque parti nomma son rapporteur, et la proposition fut chaudement discutée. — L'orateur du vénérable de la Colombière était grand, mince, enfant encore de figure et de style; son éloquence avait je ne sais quoi d'insinuant et de mystique qui pénétrait les cœurs. — L'orateur de saint François-Xavier était petit, nerveux, sec, ardent, méridional et même Gascon; son éloquence était colorée, vigoureuse presque acerbe. O vanité du régime parlementaire et médiocre utilité de l'art oratoire ! Rien n'y fit : ni la piété du Nord ni la fougue du Midi. Pas une voix ne se déplaça, pas un argument ne mordit et les suffrages manifestèrent la scission du noviciat en deux tronçons numériquement égaux. Le Président de l'assemblée rétablit la paix publique en déclarant que les deux saints personnages seraient l'un et l'autre en possession de leur monument.

Sans tracer le programme de ces fêtes intimes, le Père Dorr en indique l'esprit dans les lignes suivantes :

« Le mot d'ordre pour tous, pendant ces jours de repos, est la règle que s'était tracée le bienheureux Fourrier : « *Omnibus prodesse, nemini obesse,* » servir tout le monde, ne desservir personne. — Quelques novices semblent s'éclipser ; ils ont mille artifices pour faire, sans être vus, la besogne de leurs Frères, tant la charité est ingénieuse.

Fallendique vias mille ministrat amor.

L'amour pour mieux servir connaît mille détours.

L'attrait de ce jeune Frère pour cette partie d'échecs lui vient peut-être du plaisir qu'il en attend pour un autre, ou encore, il se souvient de son Père saint Ignace invité à une partie de billard : « J'ignore les règles du jeu, disait-il à son adversaire.... si je perds, je me mettrai humblement à vos ordres et je vous obéirai en tout ce qu'il vous plaira de me commander pendant un mois, à la condition toutefois que Dieu n'en pourra être offensé. Si je gagne, vous ferez une chose que je vous commanderai et qui tournera à votre avantage.

Contre toute prévision, la partie fut gagnée par saint Ignace, et l'heureux perdant paya l'enjeu en faisant pendant trente jours les Exercices spirituels.

On sait aussi que saint François-Xavier joua aux échecs pour convertir son partenaire.

Quelques-uns même se mettent en chasse de rimes.

Dans ces essais de versification, on trouve cette liberté dont parlait autrefois le régulateur du Parnasse :

POETIS

« *Quidlibet audendi semper fuit æqua potestas.*
Scimus et hanc veniam petimusque damusque vicissim. »

« Tout oser est le droit où prétend le poète,
Et notre loi commune est d'en faire à sa tête.

Mais c'est bien plus la charité qui autorise cet abandon que les lois de la poésie. Aussi, ne s'écarte-t-on jamais de tout ce que la politesse a de plus aimable et la délicatesse de plus exquis. L'adversaire est le premier à rire de « blessures si fraternelles. »

Ce qu'on exalte ordinairement, c'est le bonheur de la vocation, le désir des missions lointaines ou même du martyre. On s'excite aux vertus qui ont le plus de rapport avec les vacances, comme la sainte joie, les douceurs incomparables de la charité. On célèbre les saints, « nos illustres aïeux » ; on aime à revenir sur cette belle dévotion qui fait de tous les cœurs un seul cœur : « *Cor unum et anima una.* »

Un soir, le dernier chant de la journée s'était

tu, le dernier aussi des vacances : elles se terminaient en ce moment, et tous ressentaient l'émotion des belles choses qui finissent, laissant dans
le cœur un souvenir délicieux voilé d'un peu de
mélancolie ; on sait qu'elles ne reviendront plus. A
ce moment, et contre son habitude, le Père Dorr
prit la parole. On le voyait à peine sous la clarté
douteuse d'une lampe ; la nuit était déjà venue,
une belle nuit d'été, transparente, et on l'écoutait
dans le ravissement. Il montrait la douceur des
joies partagées avec le divin Maître et sanctifiées
par un dévouement obscur, qui s'ignore et se
donne sans cesse. Puis il regardait dans l'avenir,
et son regard se fixant sur les missions étrangères, il espérait que plusieurs de ses fils y trouveraient un tombeau et peut-être y moissonneraient une palme, celle du martyre. « Alors,
disait-il, vous vous souviendrez de ces jours, et
l'*Ecce quam bonum* aura son écho même dans
votre vieillesse. »

Elle a sonné, mon Père, cette heure du souvenir.
Avons-nous trop longtemps regardé en arrière et
savouré la douceur de ces détails, qui disent tant
de choses au cœur d'un fils et laissent indifférent
celui d'un étranger ? Et cependant, si un exemple
illustre peut excuser ces longueurs, Bossuet trouvait le grand Condé plus grand à Chantilly qu'à

Rocroi : « Alors, ce n'était plus cet ardent vainqueur qui semblait vouloir tout emporter ; c'était une douceur, une patience, une charité qui songeait à gagner les cœurs..... Sérieux autant qu'agréable père de famille, dans les douceurs qu'il goûtait avec ses enfants, il ne cessait de leur inspirer les sentiments de la véritable vertu..... Ce sont ces communes pratiques de la vie chrétienne, que Jésus-Christ louera au dernier jour devant ses saints Anges et devant son Père céleste. Les histoires seront abolies avec les empires et il ne se parlera plus de tous ces faits éclatants dont elles sont pleines..... »

VI

Le Terme.

Ce jour du Jugement et de l'Eternité va se lever pour le Père Dorr. Il s'y attend, il n'en sera pas surpris. Il accepte la mort, comme il l'a écrit : « parce qu'elle est la très juste pénitence de notre misérable vie, et en l'unissant de tout son cœur à la mort de notre divin Sauveur. » — Chaque mois, il consacrait un jour à la retraite et à la prévision de ses derniers moments, « quittant alors son lit comme un tombeau, revêtant sa soutane comme un linceul, écoutant les cloches comme un glas funèbre, » et même regardant sa cellule avec soin pour n'y rien laisser d'inutile, de superflu, et la rendre, autant que possible, aussi pauvre que sa dernière demeure.

Depuis l'année honteuse, l'année de la dispersion des religieux et du crochetage de leurs églises, le Père Dorr était en Angleterre. Les lois britanniques, plus libérales que les lois françaises, lui permettaient de réunir une communauté qui ne trouvait plus, sur le sol natal, le droit de pratiquer les conseils de l'Evangile. Laissant au Révérend Père Grandidier le gouvernement de sa province frappée par la persécution, il avait repris sa charge des années précédentes : celle d'Instructeur des Pères du troisième an. L'installation d'une communauté française n'avait pas été facile. On avait d'abord songé à l'Ecosse, on avait trouvé une demeure au sein de ses montagnes, sur le bord de ses grands lacs, mais dans quelle solitude ! loin de toute ville et même de toute habitation. L'approche de l'hiver, la crainte d'être bloqué par les neiges, remit la communauté sur les grands chemins. — On s'installa, en novembre 1880, avec plus de commodité, dans les environs de Droitwich, petite ville du comté de Worcester. Enfin, il fallut quitter ce pays, et après une nouvelle émigration, on trouva une maison convenable à Slough, non loin de Windsor, le château qui sert de résidence habituelle à la famille royale d'Angleterre.

Ces voyages, ces déplacements, les embarras parfois cruels et pénibles qui en étaient la conséquence, avaient leur contre-coup sur la santé du Père Dorr, douloureusement atteint en plein cœur par les évènements de France. En voyant l'audace des méchants et surtout leur impiété, la faiblesse des bons, leur timidité, leurs divisions, il n'attendait plus qu'une suite de jours calamiteux : « Nous sommes au début, disait-il souvent; peut-être verrez-vous la fin de cette épreuve, non pas moi. » — Il ne négligeait rien cependant pour que la disposition des lieux, les aménagements intérieurs répondissent aux exigences de la discipline religieuse; il savait l'importance de ces détails et n'était pas homme à les négliger, mais pour lui, et à Slough en particulier, il était visible qu'il se préparait une autre demeure, — celle où les voleurs, les crocheteurs ne viendront pas. Lui-même le disait : « Je travaille pour mon successeur. » — En septembre 1883, les affaires de son Ordre l'avaient appelé en France; il avertit ses supérieurs de lui réserver un remplaçant, car il s'attendait à ne pas finir l'année. Il en connut le nom avec bonheur. Dès lors, il était assuré que le travail de dernière formation ne serait pas interrompu, et, dans son humilité, il pensa que sa mort serait un gain pour les siens. Il se souvenait de la parole du Maître à ses disciples : « *Expedit vobis ut ego vadam.* »

Avant de reprendre son poste et de rentrer à Slough, le Père Dorr fit, au collège de Boulogne, sa retraite annuelle. Le Père Ministre, son enfant du noviciat, son tertiaire, son fidèle et dévoué compagnon des dernières années, l'avait accompagné. « Cette retraite sera la dernière, lui disait le Père Dorr ; c'est à vous que je compte m'adresser pour la confession et la direction ; aussi bien vous serez là quand je mourrai et toutes choses seront plus faciles. » — Il parlait ainsi, soit par un pressentiment naturel, soit par un avertissement intérieur. « Dans ma prière, ajoutait-il déjà, — car, dans la suite, il répéta souvent la même parole, — je ne reçois plus qu'une réponse de mort. » — Il fit donc, avec un plus grand soin, l'examen de sa conscience et une confession générale de toute sa vie. Il était prêt à tout évènement.

Cependant, les premiers mois de l'année nouvelle ne parurent pas d'abord justifier ces craintes ou ces désirs. S'il étudiait, s'il lisait moins, il priait davantage. Il consolait ainsi sa solitude, contentait les ardeurs de son âme, et, comme il lui arrivait de le dire, réparait le tort qu'il faisait à ses frères en leur étant si complètement inutile. Il jugeait peu de chose tout ce qu'il faisait ; rien de grand ne pouvait sortir d'un être si petit !...

Le 6 juin, premier vendredi du mois du Sacré-Cœur, en cette année 1884, le Père Instructeur descendit à l'heure ordinaire pour donner sa conférence. Ses auditeurs ne remarquèrent qu'une émotion plus vive et les accents d'une piété, d'une charité plus ardente. Il parlait pour la dernière fois, il parlait du Sacré-Cœur, principe, foyer, exemple de tant d'amour. C'était un testament semblable à celui de l'Apôtre centenaire, le disciple que Jésus aima.

Les paroles entraient plus profondément dans le cœur, et elles sont restées dans la mémoire.

Le Père Dorr avait montré, dans le Cœur de Jésus, la source et l'abîme des miséricordes, le caractère de cet amour infini qui ne cesse de répandre ses dons et de se donner lui-même.

Il disait :

« Jésus nous a donné les trésors de la divinité qu'il avait reçus de son Père, les trésors de l'humanité reçus de sa Mère... et puis sa doctrine, ses leçons, ses exemples, ses douleurs, ses ignominies, sa vie, sa mort, son corps, son sang, ses anges, ses apôtres, son Eglise, sa Mère, son Esprit, son Ciel. Il s'est donné à tous les hommes par son Incarnation, à chacun de nous par l'Eucharistie. Et cela n'est rien, en comparaison de l'union dernière qu'il veut réaliser avec nous. Tout cela, c'est une ébauche, une préparation à la grande union du Ciel. S'unir à nous dans la gloire et la félicité, c'est le but de tout ce qu'il a entrepris : « *Sint unum sicut et nos unum sumus.* »

Et il concluait : « Voilà notre exemple, mes Pères. »

« Cet esprit de dilection et d'amour, c'est le moteur de toute la vie religieuse. La Bonté infinie, il faut l'aimer pour elle-même, par pur amour, comme le recommande saint Ignace : *Diligant divinam Bonitatem propter seipsam.* — Nos supérieurs, il est impossible de leur donner une obéissance parfaite si l'amour en est exclu. — Nos frères, c'est le lien de la charité fraternelle qui nous unit à eux. Nous-mêmes, nous ne pouvons mourir à nous-mêmes sans le glaive de l'amour. — Lorsque saint Pierre pleura ses fautes, c'est que ce glaive, avec le regard de son Maître, avait brisé son cœur. »

Tel fut le dernier enseignement du Père Dorr : il ne devait plus paraître en communauté. Il lui restait à souffrir. Une semaine de douleurs et d'humiliations indicibles va commencer. L'histoire en a été écrite jour par jour, et les *Lettres de Jersey*, en la reproduisant, l'annonçaient à leurs lecteurs en ces termes :

« La mémoire du vénéré Père Dorr mérite plus qu'un article nécrologique. Tous ceux qui l'ont connu désirent une biographie complète, la biographie d'un saint. »

C'est ce journal de la dernière maladie qu'on va lire. Il a été abrégé quelquefois, plus rarement complété à l'aide d'un mot, d'un détail transmis par l'un de ceux qui, avec tant de piété filiale, ont aidé le religieux mourant.

Samedi, 7 juin. — Le premier médecin qui visite le Père Dorr, le trouve très fatigué. Il croit que la diète et l'abstinence de toute viande amèneront la guérison. Le malade, apprenant cette décision, se contente de dire : « Ah ! il ne m'a pas vu à l'œuvre depuis trente ans ! » D'après l'opinion d'un Père Tertiaire placé pour bien voir, le Père Dorr comprit qu'une telle mesure rendrait la maladie mortelle et précipiterait le dénouement, mais il se tut par obéissance.

Le soir, une première opération fut tentée. Le Père Dorr eut un instant d'effroi, mais il se reprit en disant : « C'est la volonté de Dieu ; tout ce qu'il faut faire, faites-le. »

Dimanche, 8 juin. — Le Père Dorr a célébré la sainte Messe, mais avec une grande fatigue. Le même jour, il fait son testament, il met ordre à ses affaires, il prend ses suprêmes dispositions ; cependant, il persévère dans son travail.

Il se confond dans le sentiment de son néant, de sa complète inutilité, dit-il : « Que suis-je ? Qu'ai-je à faire, en comparaison de nos Pères restés en France ? Je prie pour être moins à charge à la Compagnie. »

Lundi, 9 juin. — Le Père Dorr ne peut descendre à la salle des conférences. Il se cherche des suppléants, il leur envoie des livres à consulter, des notes sur le travail qu'il leur demande. Il s'informe de chacun avec une sollicitude paternelle. Dans un moment où il souffre beaucoup d'une cruelle opération, oublieux de lui-même jusqu'au bout, il prie qu'on avertisse celui qui doit parler en sa place, de ne pas dépasser la demiheure, parce qu'un temps plus long fatiguerait le conférencier.

Il répète souvent cette belle prière : « Celui qui vous connaît, ô mon Seigneur, vous aime et il s'oublie. »

Mardi, 10 juin. — Le Père Dorr veut se confesser comme pour la dernière fois. Faisait-il jamais autrement? Il semble partagé entre le désir de travailler encore, par amour, à la gloire de Dieu, et le désir de mourir ; avant tout, il veut ce que Dieu veut : *Fiat, fiat !*

Au frère infirmier qui se désole de ne pouvoir lui procurer aucun soulagement, il répond : « Ne vous attristez pas, mon frère, le bon Dieu fait son œuvre en moi. »

Mercredi, 11 juin. — Les opérations se succèdent toujours plus difficiles et plus douloureuses. Un Père lui demande si les médecins l'ont fait beaucoup souffrir : « Oui, répondit-il lentement, ils m'ont martyrisé. » Sur le soir, il entend les confessions de la communauté, mais par respect pour le sacrement de Pénitence, il demande à être revêtu de la soutane. En agissant autrement il aurait craint de donner à la communauté l'exemple d'une négligence.

Jeudi, 12 juin, fête du Très Saint-Sacrement. — La Messe est dite, mais on prévoit qu'au cours de la maladie que cependant on ne juge pas mortelle, le Père Dorr ne pourra plus célébrer.

Des lettres venues de France confirment les espérances de la communauté. Le Révérend Père Chambellan, le Révérend Père Grandidier annoncent que, de tous côtés, on prie pour la guérison. La pensée d'une si grande perte n'entre pas encore dans l'esprit. Une neuvaine au vénérable Père de la Colombière a été commencée.

Le Père Dorr recommande à ses infirmiers de ne pas craindre et de l'exhorter à la patience et à la pratique de toutes les vertus. Il ajoute : « Ne faites pas comme moi : lorsque j'étais jeune supérieur, le Père de Ravignan tomba malade ; près de lui, je me sentais intimidé, je n'osais rien dire. Bien souvent, je me le suis reproché : il eût accepté volontiers quelques paroles d'édification, même de moi. »

Vendredi, 13 *juin.* — La confiance des médecins de Slough ne rassure pas entièrement la communauté ; le Père Ministre leur propose une consultation, ce qu'ils acceptent volontiers. On demande à Londres le médecin de la résidence et un spécialiste attaché au grand hôpital Saint-Georges.

Samedi, 14 *juin.* — Le malade, de grand matin, se dispose à dire la Messe, mais le Père Ministre survient : « Mon Révérend Père, il est mieux d'ajouter ce sacrifice à tant d'autres, et de vous priver de dire la Messe. — Comme vous voudrez, mon Père, » et il rentra chez lui.

Comme supérieur, le Père Dorr pouvait commander ; comme malade, il devait obéir : il préféra toujours l'obéissance.

Les médecins de Londres arrivent, ils reconnaissent l'erreur du traitement suivi jusqu'à ce jour. L'abstinence avait débilité le malade à l'excès. « L'état est très grave, disent-ils, il sera désespéré si dans vingt-quatre heures un régime fortifiant ne produit pas son effet. »

Deux fois déjà, le Père Dorr avait demandé les derniers sacrements. Après la visite des médecins, le samedi soir, on lui proposa l'administration. Il répondit sur ce ton vif qui lui était habituel : « Bien, bien ! mais je ne suis pas plus saint que le Père de Ponlevoy, j'ai besoin de me faire à cette idée. On ne meurt qu'une fois, et je veux bien me préparer. » Après quelques instants, il ajouta : « Je suis prêt. »

La communauté s'était réunie pour assister à la cérémonie de l'Extrême-Onction. Sur la demande du Père Ministre, le Père Recteur lui fit ses adieux :

« Mes Révérends Pères et mes chers Frères, soyez les vrais amis du Sacré-Cœur. Aujourd'hui, toujours, que votre prière soit : *Intra tua vulnera absconde me*. La dévotion au Sacré-Cœur, voilà votre trésor. Par elle, vous ferez ce que l'Eglise et vos Supérieurs attendent de vous.

« Soyez d'ardents apôtres du Sacré-Cœur ; partout, faites-le connaître et aimer, et ce divin Cœur fera des prodiges en vous d'abord, puis dans les âmes qui sont l'objet de votre zèle.

« C'est dans le Sacré-Cœur que je vous place, et maintenant, c'est à Lui que je vous laisse. »

On remarque, sans d'ailleurs en être surpris, que dans cette circonstance suprême, et à cette heure du départ, le Révérend Père n'a pas dit un mot qui le concernât. C'est la devise de sa vie avec laquelle il veut mourir : *Aliis sumus*, nous sommes pour les,autres.

Pour la première et pour la dernière fois, on veilla près de lui. Ce service de charité lui coûtait beaucoup, parce que, croyait-il, c'était un dérangement imposé. Il disait à son compagnon : « Nous allons dormir tous les deux, » et il fermait les yeux, comme pour faire croire à son sommeil. « De grâce, lui disait-il, allez vous reposer. » Mais il souffrait d'une agitation causée par les stimulants énergiques auxquels il fallait avoir recours pour le ranimer. On lui dit : « Il est difficile de rester tranquille, quand la souffrance vous torture? — Difficile ! non, pas le moins du monde : voici comment on fait. » Il étend les bras et les raidit dans une complète immobilité. « Pas plus difficile que cela ! »

Il y avait dans cette réponse de la gaieté, de l'obéissance, le désir d'observer parfaitement les règles pour le temps de la maladie qu'il commentait dans ces instants douloureux qui semblent appartenir à la fois au délire et au sommeil. Sa belle et bonne humeur ne perdait pas ses droits. Quelqu'un le tira de son assoupissement en demandant s'il dormait : « Ah ! fit-il, vous êtes comme le bonhomme qui arrache son blé pour voir s'il pousse ; on me déracine pour voir si je m'enracine. »

Dimanche, 15 juin. — Lorsque le Père Ministre lui fait sa première visite, le Père Dorr réclame les derniers sacrements. « Mais, mon Père, vous les avez reçus hier soir. — Ah ! oui, je me souviens maintenant... Comme il est dangereux de différer : voilà une pauvre tête qui s'en va. »

Il y eut alors des moments d'absence, mais ce mot n'est pas ici complètement exact. L'intelligence se voilait, les idées ne s'enchaînaient plus, mais le cœur était présent ; le Père Dorr ne s'était jamais mieux montré : il y avait une sorte d'extase dans son délire. Les mots entrecoupés étaient des prières, des élans d'amour, des actes d'une surprenante humilité, des exhortations au zèle, plus souvent encore à la charité fraternelle. Parfois, se croyant entouré des siens, il les exhortait à s'aimer les uns les autres. il leur disait :

« Si vous voulez vraiment que Notre-Seigneur tire de vous tout ce qu'il a droit d'attendre, si vous voulez être de dignes enfants de saint Ignace, ayez la charité,... la vraie charité. Avant tout, aimez-vous les uns les autres, aimez vos frères, aimez les enfants de la Compagnie. N'ayez pas seulement la charité sur les lèvres, mais au plus profond du cœur. »

Ou bien il semblait assister à ses funérailles. On l'entendit encore prononcer les paroles suivantes :

« Il y a des menuisiers à la maison, ils peuvent très bien faire le cercueil... C'est maintenant la levée du corps... Ensuite, l'office à la chapelle,... nos Pères sont là... Il n'y a pas d'étrangers... Et puis tout est fini... Voilà l'homme ! »

Quelqu'un lui dit : « Tout n'est pas fini, il y a le Ciel... — Oui, le Ciel, mais il faut le préparer avant la levée du corps. »

Il était heureux que des invocations pieuses lui fussent suggérées. Il s'y unissait par le mouvement des lèvres, et quand elles répondaient plus spécialement à sa dévotion, une expression ineffable de joie éclairait son visage. On observa qu'il goûtait surtout les dernières paroles de l'*Ave Maria*, les invocations aux saints de la Compagnie, les actes de contrition et de confiance.

La vie du Père Dorr ressemblait à cette eau limpide qui découvre, en se retirant, la pureté du vase qui l'a contenue. En ce moment suprême où la nature défaillait, on lisait le secret de son cœur. Dans son humilité, l'un des jours précédents, il avait dit de lui-même : « Grâce à Dieu, j'ai pu sauver les apparences... » Et voilà que la mort montrait sur quelles réalités reposaient ces apparences.

Lundi, 16 juin, fête de saint Jean-François Régis. — Il devient de plus en plus certain que la mort est prochaine et qu'elle accourt. Ceux de nos Pères qui se succèdent auprès du mourant lui suggèrent des prières, des actes de dévotion. Une expression indéfinissable de bonheur, comme un premier rayon de la béatitude, les avertit lorsque leurs paroles répondent d'une manière plus intime aux sentiments de celui qui va mourir. Les dernières prières entendues sur les lèvres qui se glaçaient, furent une invocation au Sacré-Cœur : *Intra tua vulnera, absconde me*, et le vœu renouvelé de son obéissance indéfectible : *obedientiam perpetuam.*

Vers onze heures du soir, il cessa de prier ; les assistants en conclurent qu'il cessait de vivre, et de fait, dans le même instant, il exhalait le dernier soupir.

Un témoin de cette sainte agonie écrivait quelques heures après le douloureux évènement :

« Les trois dernières heures que le Père Dorr a passées sur la terre ont été sa meilleure leçon ; jamais il n'enseigna si bien à prier. Il a paru prodigieux qu'un homme aussi épuisé ait pu trouver assez de force pour persister, avec cette ferveur, dans une prière ininterrompue. Lorsque nous lui rendîmes les derniers devoirs, nous remarquâmes son effrayante maigreur, et plus encore les deux genoux meurtris par sa longue habitude de prier dans la position qui convenait le mieux à son respect et à son humilité. »

Ici-bas, où nous comptons par jours et par heures, la fête de saint François Régis allait finir. Est-ce que le vénéré défunt ne s'était point acheminé vers la patrie où les fêtes sont éternelles ? L'heure et le jour du passage confirmaient cet espoir. Saint François Régis était l'un des préférés du Père Dorr : il avait pour lui une dévotion plus intime, plus personnelle si l'on veut, mais singulièrement douce et intense. Il pensait à lui, lorsqu'il disait que chacun devait avoir, dans un coin du Ciel, son homme d'affaires.

Le lendemain, les premières clartés du jour adoucirent la tristesse commune. Étendu sur son pauvre lit, le crucifix et le rosaire entre les doigts, le Père Dorr semblait encore respirer et prier. On eût dit un saint couché sur la pierre du tombeau, mais la pierre ne pourrait exprimer la beauté et la douceur de ce front touché ou plutôt transfiguré par la mort.

Les supérieurs louèrent ce fils de l'obéissance, et leurs paroles, si graves et si mesurées, seront les dernières qu'il convient d'entendre, dans lesquelles nous voudrions ensevelir sa mémoire.

Le Révérend Père Chambellan, provincial, écrivait :

« Aucune perte ne m'a été si sensible... Je regrette vivement celui qui a été pour moi tellement Père ; mais ma douleur est bien autre, lorsque je songe à ce que perd la Compagnie. Votre nouvelle maison se fonde dans la douleur. Puisse ce tombeau d'un saint être pour elle une source de bénédictions. »

Le Très Révérend Père Anderledy, alors vicaire et bientôt Général de la Compagnie, envoyait à Slough les lignes suivantes :

« Saint Ignace et saint François Régis, je n'en doute pas, ont consolé avec un grand amour, dans son bienheureux passage, leur fils très dévoué et très aimé. Notre-Seigneur aura comblé de ses récompenses justement acquises, celui qui consuma sa vie tout entière, sans jamais se relâcher, à former et à instruire les disciples de la Compagnie.

« Et cependant, du fond de l'âme, je ressens une immense douleur de la mort non pas imprévue, à cause de ses longues infirmités, mais trop hâtive de cet homme si sage et si versé dans la connaissance de notre Institut, et je mêle mes larmes à celles de Pères bien-aimés. »

LES
EXERCICES DE SAINT IGNACE

ET LA

GRANDE RETRAITE

LES

EXERCICES DE SAINT IGNACE

ET LA

GRANDE RETRAITE

L'enseignement ascétique du Père Dorr s'appuyait sur les Exercices de saint Ignace. Le moment est venu de le montrer à cette grande école de spiritualité et d'amour. Nous essaierons de le faire sans recommencer avec lui la grande retraite, sans le suivre, bien entendu, jour par jour, pas à pas, sur un chemin où tant d'autres l'ont précédé, où, de propos délibéré, il n'a voulu dire que des choses déjà dites. Il aurait eu peur d'inventer ou même de trouver, à moins que n'employant ces mots dans leur sens originel, il ne se fût agi que de bien saisir la pensée du saint fondateur et d'ouvrir chacune de ses paroles pour en retirer la moelle et la substance. Il avait un mot qui exprimait bien sa méthode : « Dans les Exercices, disait-il, on trouve toujours du nouveau,... à condition de ne pas le chercher. »

Il ne cherchait pas ce qui est nouveau, mais il cherchait ce qui est ancien. Ce fut son originalité et un autre témoignage de sa patience et de son courage. Ses notes innombrables se réfèrent principalement aux quatre semaines des Exercices. La mort seule fit tomber la plume de sa main. Jusqu'au dernier jour, revenant sur ses cahiers déjà surchargés, il ajoutait une parole, une maxime, un texte, il faisait une correction, une modification. Il est facile de s'en rendre compte à la différence de son écriture très sensible et très impressionnable. Telle phrase est écrite avec une fermeté élégante, telle autre n'offre que des caractères tremblants et agités par la vieillesse, mais l'inconstance de la main ne fait que mieux ressortir la constance du cœur.

L'amour de son trésor, son avarice, si l'on veut, croissait avec l'âge. Chez lui, dans le cours d'une conversation, il lui arrivait de s'arrêter tout ému d'une parole qui s'encadrait bien dans telle ou telle méditation. Quelque peu confus, mais plus heureux encore, il disait à son interlocuteur : « Mon Père, permettez-moi de prendre cette pensée... Comment dites-vous ? » Et il ajoutait le précieux document. On eût dit un collectionneur complétant son médailler par un spécimen unique. Mais ce dernier obéit à une passion curieuse et peut-être excessive; le Père Dorr était dominé par son zèle pour la parole de Dieu que nos traditions disent avoir été transmise par la Très Sainte Vierge au solitaire de Manrèze. Volontairement, il ne consentait pas à en perdre une parcelle : *Particula boni doni ne te prœtereat.*

Parmi tous les commentateurs des Exercices, le Père Dorr avait distingué le Père Roothaan, l'homme, disait-il, qui a le mieux exprimé la doctrine de saint Ignace, et l'a restituée à la Compagnie renaissante. Il y revenait avec une admiration toujours plus vive. « Rien, disait-il, dans le livre de notre Bienheureux Père, n'a échappé au regard du Père Roothaan, il a tout noté ; même ce que je croyais avoir trouvé ailleurs, je le retrouvai en lui, dans une ligne, un mot. »

On aurait pu louer également, dans le Père Instructeur du troisième an, la science des Exercices. On n'entend pas cette science aride qui dessèche tout ce qu'elle touche, mais celle que la piété anime, celle du théologien et du docteur qui, à travers ses études, le cœur passionné d'un saint amour, ne cherche que Jésus-Christ.

Certains esprits connaissent mieux les choses par l'ensemble, d'autres par le détail ; la synthèse, les grandes lignes conviennent aux premiers, l'analyse aux seconds. Le Père Dorr possédait pleinement les Exercices, leurs sommets, leurs points culminants, leur enchaînement, leurs conséquences premières ou dernières, chaque mot, et, comme on l'a dit, la raison de chaque mot. Cette science, il la donnait, il la répandait avec une joie de l'âme indicible ; avec l'intelligence de cette haute spiritualité, il en communiquait le goût et la saveur. Du reste, rien d'excessif ou d'outré, rien qui fût en désaccord avec la raison et la sagesse. Et comme il ne se séparait jamais de ce bon sens souverain, de cette modération, de cette pondération que saint Ignace voulait en toutes choses et plus encore dans le maniement des Exercices, il est arrivé que tous les auditeurs du Père Dorr, devenus nécessairement ses disciples, ne pourront pas suivre d'autres errements que ceux du maître et penser autrement que lui, non seulement sur l'une des grandes méditations, mais encore sur la plus simple remarque. Si on ne lui donne pas raison sur un point particulier, c'est que, sur ce point, ou bien on ne l'a pas entendu, ou bien on ne l'a pas compris.

Aussi, plusieurs estiment que les commentaires du Père Dorr sur le texte de saint Ignace, s'ils étaient publiés (non point toutefois pour le grand public), constitueraient un traité incomparable de théologie mystique et le meilleur guide qui se puisse souhaiter dans une retraite. Si ce travail se faisait quelque jour, dans le Ciel où nous aimons à le voir par la pensée, le Père Dorr recevrait une récompense nouvelle de ses travaux, et son zèle se survivrait à lui-même en conquérant des âmes.

Par ce qui précède, on conçoit que nous renonçons même à ouvrir ce commentaire. Le travail serait immense et il n'a point sa place ici. Toutefois, et afin de ne pas laisser entièrement dans l'ombre les premiers principes qui ont fait le Père Dorr ce qu'il a été, les traits les plus saillants de son caractère, nous le verrons, quelques instants du moins, dans la compagnie de saint Ignace, puisant à leur source même les maximes qui ont inspiré sa conduite et sa direction. Sur les méditations principales, on aura, non point certes toute sa pensée, mais quelque chose de sa pensée, autant que possible, ce qu'elle a de plus personnel, de plus incisif. Ceux qui ont entendu la retraite du Père Dorr en reconnaîtront les fragments ; pour les autres, il ne sera pas sans utilité de prévenir une objection ou plutôt une question.

Dans ce qui va suivre, quelle sera, bien exactement, la part du Père Instructeur ? L'auteur est-il sûr de ne rien prêter au prédicateur ? Celui qui abrège ou présente la pensée d'un autre, même de très bonne foi, n'est-il pas semblable à celui qui la traduit... et la trahit ?

Il est facile de répondre :

Jusqu'à présent, nous n'avons rien prêté au Père Dorr, ni une doctrine, ni une idée, ni une citation, ni un trait, ni un exemple. Autant que possible, et très habituellement, avec la pensée, l'expression est venue, le fond et la forme. Nous n'avons pas fait autrement et, au besoin, les pièces justificatives l'établiraient de façon victorieuse. Nous ne pouvions même songer à faire autrement : la piété filiale nous le défendait. Nous cherchions une image ressemblante et pour peindre le Père Dorr, qui regarder sinon le Père Dorr ? Comment d'ailleurs apporter des eaux étrangères à cette pure fontaine et obscurcir par des ombres l'éclat de cette vive lumière ?

A partir de ce moment, notre fidélité sera plus grande encore. Les souvenirs sont plus précis et plus nombreux, la plume a serré de plus près le discours, et tout mot qui fait saillie, elle le donne, certaine de ne pas se tromper. La raison en est dans la nature même des observations qui vont suivre ; elles se réfèrent à la doctrine du fondateur de la Compagnie, que saint Ignace ne quitte pas un instant. Nous n'avons d'autre méthode ici que de suivre les grandes lignes. Les idées souvent rompues, puisque l'enchaînement est impossible, se grouperont sous quelques titres bien connus de ceux qui parcourent la carrière des Exercices.

Idée sommaire.

Faire sa retraite, la retraite de saint Ignace, est une manière d'entrer, de marcher, de courir sur la voie que Dieu a ouverte pour conduire l'homme jusqu'à lui. Les grandes étapes de ce chemin sont celles de la vie humaine, depuis son origine jusqu'à sa destinée. L'homme vient sur la terre parce que Dieu l'appelle et le place au milieu des choses pour le louer, le révérer, le servir. C'est l'ordre auquel le Créateur a plié toutes les créatures, et en même temps, c'est le salut et la félicité. L'homme n'en voulut pas; au lieu de se parfaire dans l'obéissance, il se défit par le péché ou la révolte. Lorsque, par le repentir, par la vue de ses fautes, de leurs conséquences désastreuses, il s'est disposé au pardon et l'a reçu dans le sacrement de Pénitence, le Seigneur Jésus se présente à lui pour reprendre l'œuvre que notre premier père a manquée, pour ramener l'homme à Dieu, mais par un autre chemin que celui qui s'ouvrait sous nos premiers pas.

Tantôt le Seigneur Jésus se présente au *chrétien qui s'exerce* (mot que saint Ignace préfère à celui de retraitant) sous l'image du Roi qui appelle à sa suite de hardis compagnons, — tantôt, c'est ce même roi de la parabole, entrant dans la réalité de son histoire, telle que la rapportent les Evangélistes : enfant dans la crèche, adolescent à Nazareth, prédicateur au milieu des disciples et des multitudes, soldat et capitaine, dénonçant d'une part les ruses et les pièges de l'ennemi, d'autre part, le plan de son admirable campagne.

A ce moment capital, l'homme répond aux invitations de la grâce; il dit jusqu'où il veut aller, du moins sur quel chemin il s'engage, comment il ordonnera sa vie pour la soumettre entièrement à Dieu dans la pauvreté et dans l'humilité. — Si loin qu'il aille, il verra, toujours plus loin, l'excitant toujours, le Sauveur et le Maître, dans les mystères de la Passion et dans les mystères plus cachés encore de la Résurrection.

Comme on le voit, c'est le récit de l'Evangile, l'histoire divine, non pas abrégée, non pas augmentée, cela ne se peut, mais considérée dans quelques-unes de ses scènes; saint Ignace dirait plus volontiers : comme au souvenir d'une expédition guerrière, dans quelques-unes de ses marches.

Au cours de cette étude, nullement spéculative, Dieu et l'homme sont sans cesse en présence : Dieu révèle sa pensée ou donne la leçon; l'homme, devenu, à cette bienheureuse école, le disciple de l'éternelle Sagesse, reçoit cette leçon, l'applique à ses besoins, il en fait la règle et l'orientation de son cœur renouvelé. — S'il regarde avec tant d'attention le Seigneur Jésus, c'est pour arriver à la connaissance intime d'un si grand modèle, par la connaissance à l'amour, par l'amour à l'imitation de Celui qui est la voie, la vérité et la vie.

Tel est, bien imparfaitement déterminé, le cadre des Exercices. Il suffira néanmoins pour suivre le

Père Dorr, non pas certes épuisant une vaste matière, mais l'éclairant parfois d'un jour nouveau....

Méditation fondamentale.

Le Père Dorr désirait qu'elle ne fût abordée que dans le calme et le repos du cœur et de l'esprit, dans le parfait équilibre des facultés de l'âme. Elle est d'une si grande importance : c'est la préface et la conclusion des Exercices. On part de ce premier principe, on y revient. — Toute la retraite est dans ces premières paroles comme la moisson dans la semence. Si on avait bien compris, on pourrait fermer le livre.

Elle n'est pas encore proposée au chrétien, au religieux, au prêtre, mais à l'homme, à tout homme seulement éclairé par la lumière de la raison, et non pas, à ce moment, par celle de la foi. — Un païen honnête, s'il est seulement logique, souscrirait à ses conclusions.

Le Père insistait sur cette nécessité de mettre dans sa vie l'ordre et le bon sens que Dieu a établis dans le monde et d'apprendre de la Providence la science de la conduite ou du gouvernement. Toujours marcher vers sa fin, tendre vers le but que Dieu nous impose par les moyens qu'il nous fournit : bons dans la mesure où ils nous sont utiles pour y arriver, mauvais selon qu'ils nous en écartent ou plus ou moins. — Leçons d'une sagesse élémentaire et pourtant oubliée. — On ne s'étonnerait d'une telle doctrine qu'en méconnaissant la loi commune. On ne fait de bons théologiens qu'avec de bons philosophes, des saints qu'avec des honnêtes gens et des chrétiens qu'avec des hommes. L'Eglise, par sa conduite, nous donne cette leçon. Il faut amener les hommes à la raison avant de les amener à la foi, et le sauvage, resté sauvage, n'est guère capable d'être régénéré par l'eau du baptême. C'est sur l'arbre humain que doit prendre la greffe divine, et les missionnaires sont d'abord pères et fondateurs des peuples. — Dans le même ordre d'idées, la discipline ecclésiastique ne permet point d'ordonner les infirmes, les irréguliers, à moins de dispense, et jadis les esclaves. Ils peuvent être grands devant Dieu, devant les hommes ils n'ont pas la taille nécessaire au sacerdoce. M. Emery, dont le souvenir est resté si vivant à Saint-Sulpice, s'inspirait de ces pensées en refusant de conserver au séminaire un jeune clerc, de grande piété, disait-on, mais de peu de sens. — « Ah ! Messieurs, répondait-il aux solliciteurs, après quelques années, la piété s'en va et.... la bête reste. »

Quelle lumière, soit dit en passant, de tels principes donneraient à la conduite des affaires, au gouvernement des âmes ou des communautés à la direction des œuvres, et même aux problèmes sociaux de ce temps! Il était singulièrement opportun que les paroles du Souverain Pontife fassent l'ordre dans le travail des catholiques et dans leurs efforts pour refaire une société chrétienne, en nous rappelant qu'on ne peut rien asseoir que sur la justice et sur la loi naturelle. N'est-elle pas la base du décalogue comme celui-ci le soubassement de l'Evangile?

Laissant ces considérations générales, le Père Dorr signalait surtout, dans l'état du siècle et des âmes contemporaines, le trouble laissé par l'abdication du bon sens qui n'est plus du tout le maître de la vie moderne. Quelle misère d'obéir à l'impression, au caprice, au sentiment passager, à l'émotion d'un jour; d'être, on ne le disait pas encore, un agité, un emballé, un hypnotisé : — triste langue, faite pour exprimer de tristes choses! — au-dessus de ces lamentables confusions d'idées et de choses, il établissait l'immuable vérité qui met tout être à sa place et à sa fonction utile dans le monde, l'homme d'abord. Il est créé pour honorer Dieu, le louer, le servir. C'est la raison de la vie, le pourquoi de l'existence qui répond à tous les doutes. Sans ce principe, disait La Moricière, on manœuvre à l'arrière-garde, sans rien voir et sans rien comprendre.

Au contraire, l'accord s'est-il établi entre le Créateur et la créature, par cette dévotion des dévotions qui est l'obéissance aux premières volontés de Dieu, à ses volontés originelles, que toutes choses deviennent aisées, faciles, lumineuses. L'obstacle ou la nuit n'est jamais dans les créatures qui, par elles-mêmes, ne sont que des moyens, mais dans la volonté qui refuse de s'en servir suivant les dispositions providentielles, et crée le mal où le mal n'était pas, comme le mal peut être créé sur la terre par le mauvais usage de ce qui est bon.

Voici donc, à leur source première, la sagesse ou la combinaison des moyens à la fin, la mesure ou la discrétion dans l'emploi des choses. — Ni le trop ni le trop peu : deux excès à éviter pour la parole, le travail, le repos, la prière, tout mouvement de l'esprit, du cœur et du corps. Saint Ignace arrivait à une possession si entière de lui-même que le moindre geste ou le moindre regard avait sa raison d'être. — Et puis la force, l'égalité d'humeur que ne troublent pas les évènements grands ou médiocres, la sécurité d'un homme qui sait n'avoir qu'un emploi : servir Dieu, et que, pour ce service, rien ne lui fera jamais défaut.

Pénitence.

Elle est intérieure, elle est extérieure :

Intérieure. — Elle est dans l'âme ce sentiment fait de douleur, de souvenirs, de honte, de regrets que l'Eglise appelle si bien la contrition, la componction : *Cor contritum et humiliatum Deus non despicies.* — Le pécheur ne consent pas que le passé soit jamais passé à ses yeux ; son péché est toujours devant lui, ne serait-ce que pour trouver dans ce souvenir l'assurance de son pardon : *Non nocent quæ displicent.* — « Pierre, disait Notre-Seigneur à un missionnaire du Canada, le Père Chaumonot, plus tu te souviens de tes péchés, mieux je les oublie. » — Du cœur, il se manifeste dans la voix, le geste, le regard, il se revêt d'humilité, même dans l'exercice des plus hautes fonctions. — L'apôtre Pierre, pendant les vingt-cinq années de son pontificat, a pleuré le reniement du prétoire. — Plusieurs des auditeurs du Père Lacordaire ont dit qu'ils étaient aussi émus par l'humilité et la modestie du prédicateur que par sa brûlante éloquence.

Combien un pareil sentiment nous rendrait commodes et maniables dans la vie ! — Toute plainte sur nos lèvres nous paraîtrait une injustice et une insolence. On ne peut nous faire tort. — Toute cellule est trop belle pour un religieux pénitent; tout emploi, bien au-dessus de son mérite, serait-ce celui de balayeur. — « Je ne parviens pas à comprendre, disait le Père de Ravignan, qu'on ne me chasse pas de la Compagnie! » — Il parlait à la manière des saints. Combien se trouvaient, avec saint Paul, les plus grands pécheurs de la terre !

Extérieure. — Comme la religion, comme tous les sentiments humains, la pénitence ne se renfermera pas dans l'âme; elle se manifestera nécessairement au dehors; elle répandra des larmes inutiles ailleurs, utiles ici. puisque, au rapport de Bossuet, « le péché est le seul mal que l'on guérit en le pleurant. » La Très Sainte Vierge ouvre la source de ces larmes : *Sancta Mater, fac me tecum pie flere.*

La pénitence est tantôt passive, tantôt active. *Passive*, elle reçoit les croix qu'il plait à Dieu de nous envoyer. Ce sont les meilleures. — « Il n'y a que Lui, dit Fénelon (que Dieu), qui sache crucifier. » — Ces croix nous viennent avec les évènements, les saisons, les personnes. Du moins, ne soyons pas à l'affût pour tout éviter. Il y a : la croix de la maladie, celle surtout d'une santé délabrée, intermédiaire entre le bien et le mal, plus voisine du mal que du bien;

— La croix de la vie commune, de la règle, des permissions, du support mutuel : vivre en paix avec le prochain ;

— La bonne croix de l'emploi, de la fonction. Il faut s'y étendre pour toute l'année ou toute la vie, sans rien négliger pour répondre au désir de l'obéissance et faire très bien ce que nous avons à faire.

C'est la crainte des croix qui augmente les croix. Lorsque saint François d'Assise était quelque temps sans souffrir, il disait à Dieu : « Mon Seigneur, m'avez-vous oublié ? »

La pénitence est *active*. — Il faut qu'elle le soit, ne serait-ce que pour montrer à Dieu qu'il nous traite avec trop de douceur et de bonté, ne serait-ce que pour imiter Notre-Seigneur, et comme cet agneau de Dieu, effacer les péchés du monde. — Souvent, la nécessité d'expier, et plus pour les autres que pour soi, est la première raison d'une vocation. Bien des âmes ont entendu les paroles que Notre-Seigneur adressait à sainte Lugarde : « Ma fille, prie continuellement pour *mes* pécheurs. »

Le Règne ou le second fondement des Exercices.

Un roi guerrier appelle ses hommes liges à partager ses travaux. Ceux-ci répondent, non par enthousiasme, mais après mûre réflexion. Ils sont hommes à tenir leurs promesses, et, par conséquent, à ne pas engager témérairement leur parole. Chez eux, le courage est d'accord avec la sagesse.

« Ce thème est trop vieux, disait au Père Dorr un Père d'Amérique, il faudrait le rajeunir. Nos républicains sont peu sensibles à des idées de royauté, de chevalerie, de croisades. Je préférerais, pour ma part, un négociant généreux et hardi, proposant à un jeune homme de l'associer à ses entreprises. » — Les arguments ne manquaient pas à la thèse américaine prévue, d'ailleurs, par Suarez.

D'autres soulevaient d'autres objections : « Où vont ces images guerrières? — N'est-ce point oublier la composition ordinaire d'un auditoire de retraite? — Pourquoi présenter à un groupe paisible de jeunes filles ou de vierges consacrées, ces casques, ces épées, ces bannières, et sonner de l'olifant?... Il n'y a plus d'amazones, du moins à la guerre... »

Contre ces reproches, la méditation du Règne se justifie elle-même. On accorde, d'ailleurs, et facilement, qu'à tous elle ne peut être proposée de la même manière.

Pourquoi une parabole? — Mais, depuis l'Evangile et Notre-Seigneur, depuis même qu'il y a des

hommes et que la nature humaine est sensible et
à l'attrait et à la puissance des comparaisons, des
apologues, ce genre d'enseignement ou de prédica-
tion est placé bien au-dessus de la critique.

Pourquoi, dans ces paraboles, un roi, puisque
les rois s'en vont? — Tous les rois ne s'en vont
pas : il en est un, le vrai roi de la parabole comme
de l'Evangile, qui n'abdique pas, ne meurt pas, ne
reçoit pas son congé, le sceptre est pour toujours
dans sa main et son empire ne connaît de limites
ni dans l'espace, ni dans le temps. Il est le suze-
rain des siècles et des hommes ; la justice et la
charité rendent son règne également nécessaire :
Oportet illum regnare.

A côté des droits, qui pourra jamais représenter
les qualités : cette bravoure, ce courage que
n'émeut aucun supplice, cette puissance qui se
joue, même dans le tombeau, des desseins conçus
par les ennemis, cettebeauté dont l'œil de l'homme
sur la terre ne supporterait pas un seul rayon,
cette bonté si tendre et si délicate pour les siens.
Les Apôtres sont-ils endormis dans la barque,
que Notre-Seigneur se lève et prend soin de les
couvrir. — S'il est vrai que nous combattons pour
lui, il est plus vrai qu'il combat pour nous, qu'il
nous défend, qu'il nous soutient ; les plus braves
sont les moins exposés. Ceux qui le suivent de
plus près sont invulnérables ; dans sa compagnie,
il n'y a de périls que pour les lâches.

Quel que soit l'avenir ignoré des peuples de l'ancien et du nouveau monde et la forme de leurs gouvernements, on dira longtemps encore : des qualités souveraines, des vertus royales, une munificence princière, la majesté du trône. Il est donc naturel de concentrer, sur la personne de notre divin Chef, le courage d'un Alexandre, la grandeur d'un Charlemagne, la piété d'un saint Louis, la dignité de Louis XIV, pourvu que le divin s'ajoute à ces qualités humaines et les transfigure.

Un tel prince (il est à peine nécessaire de le remarquer) ne fait point de distinction arbitraire entre ses sujets ; tous sont appelés à son royaume et engagés sous ses étendards : *Apud Deum militat etiam fœmineus sexus.* C'est aux chrétiennes comme aux chrétiens que saint Paul demande, avant saint Ignace, de revêtir l'armure de Dieu, la tunique de justice, de prendre le bouclier de la foi, le glaive de la parole et le casque du salut. Tout le monde comprend ce langage qui, dans l'Eglise, s'adresse à tout le monde, depuis que Notre-Seigneur est venu apporter non pas la paix, mais la guerre : *Nolite arbitrari, quia pacem venerim mittere in terram ; non veni pacem mittere, sed gladium.*

Encore un mot, mais un mot essentiel sur le caractère de ce roi guerrier. Bientôt l'expédition elle-même nous occupera. — C'est à dessein qu'il est représenté, non point sur le trône où sa gloire nous éblouirait, non pas descendant sur les nuées du Ciel dans l'éclat terrible de sa majesté : *rex tremendæ majestatis*, mais plus près de nous, au milieu des camps : soldat qui connaît tous ses soldats, parlant à chacun d'eux et non pas à l'armée entière, disant le mot décisif, impulsif : « Toi, suis-moi ! » *veni mecum*. — Ah ! ce mot dans la bouche d'un roi et du roi Jésus ! Bien compris, il éclairerait toute la vie spirituelle, il nous amènerait à cette familiarité avec Notre-Seigneur dont le cœur a besoin et qui est permise aux généreux. Les pauvres pécheurs n'en sont pas exclus, le meilleur signe de leur repentir est dans l'ardeur du dévouement. Ils ont besoin de servir : « Mon père, dit le Prodigue, traitez-moi comme l'un de vos mercenaires. » — La première parole de Paul renversé sur le chemin de Damas est semblable à celle-là : « Seigneur, que voulez-vous que je fasse ? »

La réponse n'est pas douteuse. L'œuvre que Dieu demande et celle que nous lui offrons, c'est la guerre. Il reste à en voir la nécessité, le caractère, le terrain où elle se livre, la qualité maîtresse qu'il faut y apporter et les fruits qui en sont la récompense.

Cette guerre est nécessaire. La vocation est un appel ; chaque grâce, un nouveau moyen d'y répondre, chaque mystère, depuis la crèche jusqu'à la croix, une leçon du divin Capitaine, une manière de vaincre l'orgueil ou la sensualité.

Il faut choisir entre deux maîtres et, par conséquent, entre deux ennemis. Refuser de combattre avec Dieu, c'est accepter de combattre avec le démon ; si, par exemple, nous ne suscitons pas d'obstacles contre la sensualité, par le fait nous en suscitons contre la sainteté.

Le caractère de la guerre est bien défini : c'est une guerre offensive. Donc, elle est incessante, quotidienne, universelle, aussi longtemps que les ennemis sont là, et ils survivent à notre mort. — Si nous n'avions qu'à nous défendre, nous pourrions supposer une trève, déposer les armes, nous dire : « Prenons du bon temps, jouissons, l'ennemi n'attaquera pas. » — Les prétextes ne manqueraient pas : « On n'a rien à me reprocher, je vais mon petit bonhomme de chemin, je fais ce qui est prescrit. » — Rien de semblable pour la guerre offensive, et c'est pourquoi elle ne sera pas faite par une garde nationale ou par des célibataires égoïstes.

Le terrain est bien délimité. La lutte est circonscrite à nous-même. C'est notre cœur qu'il faut conquérir à Dieu contre les ennemis de Dieu : l'amour-propre, l'amour du monde, l'amour de nos aises. Les voilà les Turcs à pourfendre, les Bédouins à expulser. Cette méditation, utile au zèle, n'a point pour but d'enflammer le courage apostolique : il serait même dangereux de courir sus aux ennemis du dehors et de laisser en repos ceux du dedans. L'expérience montre que l'homme qui ne s'est pas dompté lui-même est un médiocre serviteur des âmes. Comment le superbe prêchera-t-il l'humilité ?

Une qualité maîtresse est requise dans cette campagne : la volonté de se distinguer, d'être insigne, moins dans les grandes choses qui se présentent rarement, si même elles se présentent, que dans les petites, les quotidiennes. Plus rien de vulgaire ou de banal, même dans les actions communes, qui ne sont plus faites d'une manière commune.

On peut être insigne dès le premier instant du réveil, en commençant la journée comme une bataille.

On peut être insigne dans la méditation, dût-on y souffrir comme Notre-Seigneur au Jardin des Oliviers et s'y traîner comme à un calvaire.

On peut être insigne dans la récréation, en ne témoignant d'aucune humeur ; dans la vie commune, par une régularité absolue, dans la pratique de l'humilité et de la charité.

Notre Seigneur Jésus-Christ.

Etudions-le dans l'Evangile. Etudions-le pour le suivre. Chaque mystère, chaque contemplation est un appel, comme une marche en avant ; le divin Capitaine poursuit son ennemi ; il pense, il agit devant nous ; à chaque instant, il nous révèle son esprit et son cœur : c'est la manifestation de Jésus, et quand elle se fait, nous n'avons plus rien à envier aux Apôtres ; ils furent moins heureux que nous ; ils ont vu et nous ne voyons pas. *Beati qui non viderunt et crediderunt.* La méditation des mystères de l'Evangile suit donc les propositions du Règne. — Puisque nous allons avec Notre-Seigneur, il faut bien étudier ses chemins, connaître ses travaux, d'après sa promesse et la nôtre, se trouver où il est. N'est-ce pas le besoin du serviteur et le désir de l'ami ? — Avant chaque méditation, le cœur inspire la même prière si souvent rappelée et commentée par le Père Dorr : « Seigneur, donnez-moi la triple grâce que je veux obtenir : la première, de vous connaître intimement ; la seconde, de vous aimer ardemment ; la troisième, de vous suivre diligemment : *Te intime noscam, te ardentius amem, te sequar studiosius.* »

La science de Jésus-Christ : *scire Jesum,* non point cette science froide qui suffit à un personnage historique et ne nous donnerait que des vérités amoindries, stériles. En Notre-Seigneur, nous avons besoin de tout connaître : ses pensées, ses jugements sur le monde, le péché, le scandale, ses paroles, ses enseignements sur la pauvreté, la chasteté, l'humilité, les béatitudes, ce qu'il dit et la manière de le dire. Alors, la connaissance conduit plus loin.

L'amour de Notre-Seigneur. — Un amour d'*estime*. Sera-t-il jamais mieux placé? — Un amour de *tendresse* comme inconscient de lui-même, regardant toutes choses et les enveloppant d'affection. Ainsi, l'enfant regarde sa mère et le fils éloigné revoit dans son cœur la maison paternelle. — Un amour qui sert nos meilleurs intérêts. Nous exauçons le premier désir de notre nature, celui dont le serpent s'est servi pour nous perdre : ressembler à Dieu, *eritis sicut Dii !* — La voilà contentée, cette faim de la divinité, mais au lieu de regarder en haut, où nous ne pourrions jamais atteindre, il faut regarder en bas et au-dessous de nous, jusqu'au ver de terre : *Ego sum vermis et non homo.*

L'imitation de Notre-Seigneur. — De la personne aimée, on imite jusqu'aux défauts. Le peuple de saint Basile marchait en se voûtant le dos parce que ainsi allait l'évêque. L'indiscret ami de François de Sales, qui, pour le mieux copier, regardait le saint par le trou de la serrure, l'évêque de Belley imitait, en prêchant, sa manière un peu traînante. Notre ami, *amicus noster* (s'il est permis de reprendre le nom qu'il donnait à Lazare), non pas notre éminent ami, notre illustre ami, comme on dit volontiers dans le monde, notre divin ami a compris ce besoin de l'amitié. En toutes choses, il nous a donné l'exemple, *exemplum dedi vobis*. S'il a voulu se soumettre à mille faiblesses qui semblent indignes de la divinité, ça a été pour nous servir de modèle, même dans le sommeil, la faim, la soif, la fatigue, le travail. Assis à une table étrangère, nous l'entendons encore nous dire : *Sequere me !*

Une journée à Nazareth.

Notre-Seigneur n'a jamais été si bien lui que chez lui. Là, le cadre de son existence était bien tel qu'il le voulait, qu'il l'avait arrangé. Les murailles, les meubles, les coutumes ou le genre de la maison, ses habitants ont une voix pour nous instruire. C'est l'utilité et le charme d'une journée passée à Nazareth.

Dans cette contemplation, les heures pour le Père Dorr passaient rapides et délicieuses. Ils sont émus, sans comparaison aucune, les vétérans de la grande armée, en soulevant, dans leur main

tremblante, l'épée de l'Empereur, ou les derniers
serviteurs de la royauté, lorsqu'ils réveillent. dans
les solitudes de Versailles, le silence de l'histoire
et l'ombre du grand Roi. Tous, d'ailleurs, suivent
la même impulsion du cœur : retrouver les traces
de ceux qu'ils ont aimés.

Avec quelle piété le Père Dorr interroge chaque
détail ! Là, Jésus a prié. Est-ce avec Marie ? est-ce
avec Joseph ? est-ce sans Marie et sans Joseph ?
Il est aussi incapable de choisir que ces religieuses
contemplatives auxquelles on présentait différents
tableaux de la prière de Jésus à Nazareth. Tantôt
il est seul, tantôt il est agenouillé avec sa mère,
tantôt avec son père, ou bien toute la famille s'est
réunie dans l'oraison. La scène qu'il regarde est
toujours celle qu'il préfère. Autour de cette table,
les saints personnages se sont réunis ; leur repas
terminé, ils ont conversé pieusement, aimable-
ment, simplement. Le Père Dorr se souvient à ce
propos d'une pieuse révélation : dans la sainte
Famille, le plus causeur était saint Joseph (l'Evangile ne le dit pas, mais tout n'est pas dans l'Evangile), ensuite la Très Sainte Vierge, enfin le divin
Enfant. Aimer à se taire et ne parler qu'avec
discrétion, dire de ces paroles qui sentent encore
le silence, c'est le genre et la coutume des saints.

Volontiers on s'attarderait, il fait si bon à ce
foyer où nous retient la suavité de Jésus. On

raconte que saint François-Xavier avait inutilement employé bien des arguments pour convertir un seigneur du Japon. Celui-ci se rendit toutefois à une raison que le saint n'avait pas invoquée : « Mon Père, je me plais trop dans votre compagnie et je veux aller au Ciel pour y être avec vous. »

Cependant saint Joseph a quitté Nazareth. Le Père Dorr le voit s'étendre pour le départ sur la couche de l'obéissance et de l'humilité ; on dirait à l'entendre, tant il est entré dans le mystère, qu'il va perdre un parent bien aimé : ses larmes se mêlent à celles de Jésus et de Marie. « Jamais, dit-il, semblable parfum ne fut répandu sur un linceul. C'est que, — et sur ce mystère, c'est sa dernière parole, — elles savent si bien aimer, les âmes pures ! »

Les Etendards.

Une grande action se prépare, la bataille décisive va se livrer ; nous sommes au point culminant des Exercices ou de la campagne. Jusqu'à cette heure, nous avons monté pour y atteindre.

Il s'agit de la méditation de deux Etendards avec les conclusions, les résolutions qu'elle comporte. « Jamais, dit le Père Dorr, la pensée du Fondateur de la Compagnie (ce mot vient à dessein : alors saint Ignace voyait la Compagnie, elle naissait dans son cœur) n'a été si peu comprise et si tronquée. Pourquoi donc ne pas demander à saint Ignace la pensée de saint Ignace ? La profondeur et l'énergie n'ôtent rien à la clarté. Elle a bien assez de lumières pour faire un saint, ainsi que le remarquait le Père de Ravignan. On arrive assez vite à comprendre la théorie, mais en face de la pratique, à cause des conséquences, l'amour-propre recule et se cache. La grâce à demander, à emporter par l'ardeur et la sincérité de nos désirs, n'est rien moins que le bouleversement de toutes nos idées. Elles appartiennent au monde et à son prince : il faut qu'elles appartiennent à l'Evangile, à l'esprit de Dieu et des saints.

De telles paroles avertissent le retraitant de l'importance de cette méditation. Il veut en pénétrer le caractère, il en suit tous les détails.

Deux étendards : l'opposition éclate dès le premier mot ; deux étendards sont levés par deux chefs. Chacun, sous le sien, rassemble son armée. L'un appuie son camp sur la cité confuse et impure, c'est l'ennemi de la nature humaine, Lucifer. Il parle, il menace au milieu du feu et de la fumée, terrible dans sa haine, horrible par son aspect ; ses satellites sont autour de lui, démons qu'il va lancer sur le monde, sans oublier une province, un état, une âme. Ils partent avec des chaines : il en faut, pour faire des esclaves. Leurs pièges et leurs ruses sont : l'amour des richesses et le fol orgueil du monde. Par ces deux passions, on va loin, et on se précipite dans le péché.

L'autre Chef, le Souverain Seigneur, rassemble ses disciples et ses amis dans une vaste campagne, aux environs de Jérusalem, la cité pacifique. Il leur recommande d'aider les hommes, d'inspirer aux âmes l'amour de la pauvreté, l'amour de l'humilité par l'humiliation. Avec ces deux amours, on va loin dans toutes les vertus.

La méditation s'achève par une prière ardente sur laquelle on reviendra souvent. Elle va de la Bienheureuse Marie, Notre-Dame, comme disent toujours les Exercices, au Verbe incréé ; du Verbe incarné, à notre Père Céleste. C'est une demande trois fois répétée d'être reçu sous l'Etendard du divin Capitaine, par la pauvreté réelle ou spirituelle, par l'humilité et l'humiliation, dans la mesure que la majesté infinie du Souverain Maitre et Seigneur voudra bien déterminer.

Cette entrée en campagne, cette opposition des Etendards, cette armée qui se heurte à une autre armée, est-ce une fiction, est-ce une histoire ?

C'est une histoire, l'histoire universelle de tous les siècles, de tous les peuples, de toutes les âmes, le fond même de l'Evangile, la raison d'être de l'Eglise et de la vie religieuse.

Histoire du monde : il se range sous deux étendards, non pas sous trois. Pas de place pour le troisième, pour l'indifférence, la tolérance, la neutralité tant vantée à notre époque. Toute croyance est guerrière, elle en appelle aux armes. Jamais on ne pourra concilier la nuit et le jour, l'iniquité et la justice : *Quæ enim participatio justitiæ cum iniquitate aut quæ societas luci ad tenebras.*

Histoire de notre siècle et de notre pays. Où voit-on Bélial habiter avec Jésus, l'Eglise pardonner à la franc-maçonnerie ou la franc-maçonnerie désarmer en face de l'Eglise? Ceux qui parlent sans cesse de concessions et, par elles, espèrent acheter la paix, sont trompés ou trompeurs.

Doctrine même de Notre-Seigneur, manifestée dans tout l'Evangile. Il est impossible de servir en même temps deux maîtres ennemis. Aimer l'un, c'est détester l'autre. Qui ne combat point avec le Roi Jésus combat contre le Roi Jésus et la seule indifférence est une déclaration de guerre.

Tel l'Evangile, telle l'Eglise, telle, dans l'Eglise, la vie religieuse conseillée par tous les saints ou la mise en pratique des conseils évangéliques. Que cette méditation éclaire bien la vocation religieuse ! Pas de demi-mesures, chez les religieux, de gens à moitié pauvres, à moitié purs, à moitié obéissants, qui veulent bien combattre, mais en grands seigneurs, avec tout le confort de l'existence contemporaine, qui veulent bien être chastes, mais à la condition de tout lire et de tout voir, qui veulent bien obéir, mais sous réserve que les Supérieurs leur demanderont : Que vous plait-il que je vous commande ?

Rien de plus vrai, de plus ressemblant que le portrait des deux chefs. Chaque mot a besoin d'être médité, il en jaillit des lumières qui éclairent toute la doctrine de la tentation, du mal, des ruses du démon, de ses attaques ordinaires, de son genre, de ses manœuvres. Et en même temps, on voit la conduite opposée du Souverain Chef et Seigneur, les différents procédés de la vérité et de l'erreur, du bien et du mal. Là, sont les premières règles du discernement des esprits et les fondements de la théologie mystique dans le gouvernement des âmes.

Satan habite au milieu du feu, à cause de son inquiétude ; c'est un agité environné de fumée ; l'obscurité lui est chère. Il brouille et il embrouille. L'Écriture l'appelle le Prince des ténèbres. Cependant, prenons garde : pas de flamme pure, pas de fumée noire : un feu que la fumée noircit, une fumée que le feu éclaire, ni la nuit ni le jour, un clair obscur, la ruse, l'illusion, le mensonge, mais mensonge tel qu'il laisse à ses victimes leur responsabilité entière. Eve a dit : « J'ai été trompée par le serpent ! *serpens decepit me* ; elle aurait pu ajouter : Parce que j'ai voulu être trompée ! »

Tout autre, le divin Capitaine : Satan habite dans le trouble, Jésus dans la paix, *Princeps pacis* ; les sicaires de l'un jettent des chaines, les disciples de l'autre brisent des fers. A Lucifer le mensonge et l'erreur, il trompe ; au Verbe de Dieu la vérité et la doctrine, il enseigne. Déjà dans ces simples paroles, que de leçons utiles pour la pratique de la vie et quel bon moyen de reconnaitre quel esprit on sert et de quel esprit on subit ou l'on ressent l'influence. Saint Ignace a représenté Jésus dans un lieu humble, non point comme l'ange déchu, sur un trône élevé. C'est assez pour certaines âmes : désormais, elles ne voudront plus que la dernière place, elles y sont plus voisines du bon Maître.

Et puis l'opposition entre les pratiques de l'Enfer et la noble conduite de l'Eglise : du côté de la franc-maçonnerie, les menaces, les persécutions, le mensonge à l'état permanent, pas d'autre moyen que la duperie au service de la haine, des promesses qui ne seront pas tenues, du plaisir en apparence, en réalité le désespoir ; du côté de l'Eglise, l'appel suave de la grâce divine qui se présente et ne violente pas, le respect de la liberté dans la vérité, pas de promesses que la réalité ne surpasse, sous les apparences du sacrifice, la consolation et les béatitudes de l'Evangile.

Les Etendards, disait le Père Fouillot avec une vérité profonde voilée sous une forme plaisante, ne demandent plus seulement de braves gens, mais des gens braves. On n'accepte pas de ménage, ajoutait-il, déclarant ainsi qu'ils ne sont plus le fondement d'une vie simplement raisonnable ou simplement chrétienne, mais d'une vie apostolique, d'une vie héroïque. On n'en est donc plus au Règne. Là, on s'était offert sans bien savoir où l'on allait ; aujourd'hui, on le voit, on le sait, les ordres ont été donnés, ainsi qu'il convient au commandement militaire : très clairs, très courts en face de l'ennemi.

Le péril pour le soldat ou mieux le chevalier, n'est pas de passer d'un camp dans un autre, de trahir ; c'est d'être trompé par les ruses de l'ennemi, égaré par les sophismes adroitement répandus. Dans une guerre où le courage personnel joue un si grand rôle, où tant d'initiative est laissée à chaque combattant, le péril plus grave encore est de ne pas entrer dans la pensée du capitaine et de compromettre le succès par une opposition de vues et de conduite. C'est pour prévenir ce malheur que les deux chefs, les deux stratégies sont successivement étudiés.

Des deux Chefs et de leur tactique.

Quel sera la tactique de l'ennemi ?

La philosophie et la simple observation nous disent que tout être agit selon sa nature, rien ne passe dans l'effet qui ne soit dans la cause. L'homme que le démon mène, fût-il encore religieux, ressemblera donc à son triste conducteur : il s'élèvera comme lui dans sa propre opinion, il s'enflera de son prétendu mérite, il s'aveuglera sur ses défauts, ses lacunes, il sera toujours agité et troublé. Ce trouble ne passe pas des choses dans son cœur, mais de son cœur se répand sur tout ce qui l'environnne. Les supérieurs le trouvent maussade et raide, également armé contre leur sévérité et leur bonté. N'est-ce pas le cachet de Satan ?

Notre-Seigneur ayant, par son exemple, glorifié la pauvreté et l'humilité, le démon, de toutes ses forces, voudra faire des riches et des superbes. Ainsi, le rempart de la pauvreté sera renversé même dans la religion. On désirera une vie commode, une certaine élégance, un certain confort; une cellule moins bien située attristera : « Pour qui me prend-on ? — Mon frère, répondait saint Louis de Gonzague à son compagnon de voyage, on nous prend pour des pauvres. » Et cependant. le prétexte de la gloire de Dieu a coloré ces prétentions. C'est la ruse et la perfidie du démon.

Après l'amour des richesses, l'estime du vain honneur. Satan sait si bien qu'il ne peut rien faire avec les humbles. L'amour des emplois, des distinctions s'insinue dans le cœur ; on tient à son influence, à sa situation. « L'estime publique n'est-elle pas nécessaire à un prédicateur ? » Toujours ce mélange de lumières et de ténèbres, de vérités et d'erreurs, qui crée le milieu le plus favorable au tentateur. Ah ! combien, à leur insu, par des maximes spécieuses, par des doctrines relâchées, lui ont préparé le terrain ! Un peu d'esprit aidant, une parole ironique, on déconcerte la piété et on ne pense pas à mal faire en faisant l'œuvre même de Satan. Quel rôle pour un religieux, au milieu de ses frères ! il sert d'instrument à leur ennemi capital. — Répétons souvent la prière de l'Eglise : *Ab insidiis diaboli, libera nos, Domine.*

Le camp de Jérusalem ne ressemble en rien à celui de Babylone. Tout diffère : le chef, les soldats, les armes.

Le chef est au milieu des siens, il s'en distingue à peine. Les grands-prêtres, pour le reconnaître parmi les disciples, ont besoin d'un signe : le baiser de Judas. Il paraît moins le maître que le serviteur et il n'est pas venu pour être servi.

Les soldats se conforment au genre de leur

capitaine. Ils font une autre guerre que celle de Satan et ils la font autrement. Leur manière n'est pas de violenter les âmes, de commander avec orgueil; ils respectent la liberté, ils éclairent, ils comptent sur la puissance de la Vérité et de la Doctrine. Ils savent que Dieu n'agit que dans la paix... même en déclarant la guerre. Leur fonction est empruntée à l'Evangile et au Sauveur : semer dans les cœurs les divins conseils de la pauvreté, de l'humilité.

Pourquoi donc cette pauvreté? Elle a été déclarée, par Notre-Seigneur, la première béatitude, la première condition d'une vie parfaite : *Si vis perfectus esse, vade, vende quæ habes...* Il en a donné le premier exemple dans sa Crèche, l'exemple suprême de la Croix. Il déclare qu'il est impossible de s'attacher à Dieu et aux biens du monde. La porte du Ciel, comme la porte du Chameau, à Jésusalem, est trop étroite pour le lourd bagage des richesses. Au contraire, Dieu veut-il faire quelque chose de grand avec une âme, il l'appauvrit; dans l'infirmité, elle trouvera la puissance. Moïse est sans ressources dans le désert, Abraham est sur le point d'immoler son Isaac, le Sauveur lui-même est monté sur la Croix lorsque la vertu divine se manifeste. N'oublions pas la parole de Dieu à Gédéon : « Tu as trop de gens avec toi pour gagner la victoire ! » — Si nous conversions avec Notre-Seigneur, il nous dirait :

« Examine ce qui n'est pas nécessaire, ce que ne réclament ni les convenances, ni les devoirs, et dépouille-toi. »

Après la pauvreté, l'humilité. La pauvreté conduit à l'humilité. Un habit neuf, un bel appartement, des relations avec les riches, les puissants, les « sommités, » des ministères élevés, inspirent l'orgueil. Il se nourrit des moindres égards, de toute parole flatteuse. Tout sert au moi pour s'élargir et se hausser. L'humilité n'est point dans une nature humaine passionnée pour la gloire. Que sera-ce, lorsque des éloges, des succès augmenteront la propension du cœur. La prière ne suffira pas pour nous conduire à cette vertu, à la perfection de cette vertu, même avec la pénitence. Il faudra bien prendre le chemin où le Sauveur s'est engagé et arriver à l'humilité par l'humiliation.

Oh ! qu'il est nécessaire d'atteindre au mépris de soi-même et de supporter d'être méprisé ! Ces mépris, mais ils sont justes, ils sont mérités, ils nous fournissent la plus magnifique occasion de mourir à nous-mêmes, de nous renoncer, de procurer la plus grande gloire de Dieu. Le mépris consenti, accepté, est la clef qui ouvre le cœur de Jésus : nous le prenons par son faible. Que peut-il refuser aux petits et aux humbles ?

Silence, oublis, injustices, outrages, dénigrement de l'amitié ou de l'inimitié, perte de la mémoire, amoindrissement de l'intelligence, bref, toutes les croix que la Providence peut disposer, souffrances innombrables de l'âme et du corps, faut-il vous demander dans la prière, suffit-il de vous recevoir? Est-ce assez d'obéir, n'est-il pas mieux d'aller de l'avant? Cette question a partagé les mystiques. Le pour et le contre ont leurs raisons et leurs autorités. Saint Ignace intervient avec sa sagesse et sa ferveur. Chez lui, le courage ne diminue pas la prudence et la prudence n'amoindrit point le courage.

Demander les croix, toutes les croix, semblerait téméraire; n'en demander aucune, rester sur la défensive, ne paraît pas assez dans la tradition des saints. Le mieux est de s'offrir à la Bonté infinie, même en exagérant notre faiblesse. Semblables principes vis-à-vis des ministères ingrats et périlleux, des postes où le soldat sera fusillé. Un ordre religieux est comme une armée vaillante au cours d'une campagne : s'il se présente un danger à braver, les chefs n'ont que l'embarras du choix parmi des héros.

La Résolution.

La résolution est affaire entre Dieu et l'âme.

Dieu a commencé par les avances les prévenances de la grâce. Fidèle à lui-même il continue comme il a commencé. Quel est donc ce travail de la Providence ? Devant chacun de nous, devant chacun des élus, un chemin est ouvert, une voie dans laquelle il faut entrer. Ce chemin conduit au Ciel, — il n'est pas d'autre terme, par l'imitation de Notre-Seigneur crucifié et humilié, — il n'est pas d'autre moyen de parvenir. Cependant, ces routes sont diverses et ne se ressemblent pas. On peut vraiment dire qu'il y a autant de voies que de voyageurs, autant de vocations que d'élus. Outre la vocation générale à tous les chrétiens, il en est une particulière aux religieux, à chaque famille religieuse, à chaque membre même de la communauté ou de la famille. Dans l'intérieur d'une même maison et l'accomplissement d'un même devoir, il y aura des différences. L'admirable variété de la création matérielle n'est qu'une image de la diversité des âmes. N'est-ce pas sur le même plan que les choses sont faites, les invisibles aussi bien que les visibles ? Dieu ne veut pas d'égalité absolue ni dans les étoiles du firmament, ni dans celles de son Eglise. Aussi, les mêmes paroles, commentées sur les mêmes lèvres, éclairées, semble-t-il, des mêmes lumières, ne disent cependant pas les mêmes choses, ne produisent pas les mêmes fruits. La grâce, comme tout autre don, la même dans celui qui la présente, n'a plus la même forme dans ceux qui la reçoivent. Saint Stanislas Kostka, saint Louis de Gonzague, saint Jean Berchmans, placés par leur vocation, leur innocence, leur piété, leur jeunesse, en des conditions identiques, vivant de la même règle et dans la même cité de Rome, ne se ressemblent qu'autant qu'il convient à des frères. Partout donc se retrouve le signe de la Providence, une en elle-même et multiple dans ses chastes opérations.

A chacun de reconnaître cette voie ineffable et sûre, dans laquelle, sans hésiter, il marchera jusqu'au dernier jour. A la rigueur, sans cette lumière ou sans ce discernement, la fidélité à la grâce suffirait. On se laisserait conduire, et que d'âmes, ignorantes de ces analyses, prêtent aux mouvements de l'Esprit une admirable docilité ! Toutefois, saint Ignace souhaite davantage et il sera également plus demandé à ceux qui ont charge de conduire et d'instruire. Sans rien enlever au mérite de l'obéissance, au contraire, par une obéissance plus parfaite et plus haute, il presse le compagnon de Jésus de se précipiter en avant pour accomplir la volonté de Dieu une fois connue ou pressentie. Et puisque les comparaisons guerrières se rencontrent ici naturellement, lorsque la guerre est déclarée, les soldats n'attendent pas toujours l'ordre des chefs pour s'élancer contre les ennemis.

Une résolution capitale, une résolution mère et maîtresse donne à une vie son caractère, — on dirait bien aussi sa caractéristique, — son unité et son ressort. Par elle, on se possède et on se retrouve sous tous les pays, occupé à la même œuvre essentielle : avancer en soi la ressemblance de Notre-Seigneur. Elle sera l'âme des règles, des exercices de piété, des travaux, des vertus elles-mêmes, le sujet de l'examen particulier.

Parfois, elle se résumera dans un mot, dans un verbe et mieux dans un adverbe : celui de saint François-Xavier : *Amplius*; dans une devise : celle de saint Ignace : *Ad majorem Dei gloriam*; un exemple : saint Jean Berchmans se proposant d'imiter en tout son frère, comme il disait : le Bienheureux Louis. Ou bien une parole de l'Evangile sera tombée dans l'esprit avec une clarté soudaine. Bien souvent, on aura passé près d'elle sans la voir ou l'entendre, il semble à l'instant même qu'elle renferme toute la vie spirituelle. Parfois encore Notre-Seigneur, Notre-Dame se proposeront comme le type à poursuivre, à réaliser; l'idéal sera de se conformer à eux dans tel moment de leurs prières ou de leurs douleurs.

Ici se plaçait le souvenir de saint Benoît Labre. Un peintre de Rome aurait voulu exprimer la figure du Sauveur, mais où la prendre, comment en réunir les traits ? — Soudain, le bienheureux mendiant se présente à sa vue. La voilà, cette physionomie du Christ telle qu'il l'a rêvée, elle est vivante devant lui. A quelque temps, saint Benoît

était mort; c'était pour tous un regret de ne point
posséder son image. Heureusement, le peintre
n'avait pas oublié son tableau. On reconnut, dans
le même personnage, le divin Maître et le mendiant. Service pour service : Jésus-Christ était le
portrait de saint Benoît comme saint Benoît avait
été le portrait de Jésus-Christ.

La sagesse divine, du commencement à la fin
de ses œuvres, unit la vigueur à la douceur :
*attingit a fine usque ad finem fortiter et disponit
omnia suaviter.* — Telles sont les lois divines,
très fermes et très souples. — Une résolution,
c'est-à-dire une loi, une loi organique de ce monde,
aura, si elle est bien faite, ce double caractère.

Elle aura l'énergie, puisque, étant opposée en
tout à la nature pervertie, elle va vers son but
qui est de la redresser et peut-être de la retour-
ner, à l'exemple de tant de saints. — Une telle
victoire suppose l'abnégation, la violence à l'usage
des violents : *Regnum cœlorum vim patitur et
violenti rapiunt illud.*

Cependant, la violence, de sa nature, est éphè-
mère; avec la force toute seule, on ne fonde pas.
Les hommes sont comme les peuples : ils ne sont
vraiment conquis que lorsqu'ils sont séduits. A la
violence nécessaire, joignons donc la douceur également nécessaire; aux répugnances de la nature,
opposons les attraits de la grâce. Notre résolution

ne sera vraiment efficace que si elle nous conduit à Notre-Seigneur, si, par elle, il devient l'ami, le conseil, la lumière de toute la vie et vraiment notre inséparable. Dans son Evangile, Lui-même n'a point parlé autrement. Il invite à marcher sur ses pas : *qui vult venire post me.* Si l'homme se quitte, c'est pour le trouver : *abneget semetipsum et sequatur me.* — En vérité, il serait trop dur de tout laisser pour ne rien avoir, d'abandonner le sol natal sans retrouver une patrie. Les mystiques ont déclaré que la croix toute nue serait trop lourde sans le fardeau qui la rend légère. Aussi, saint Ignace revient avec insistance sur cette pensée du Sauveur, maitre et modèle de la perfection, mais ne se séparant jamais de ceux qu'il y conduit. Le roi de sa parabole n'offre que ses armes, *ses* travaux, *sa* récompense, la coupe où il boit : *potestis bibere calicem?* et le pain qui lui est rompu.

De telles résolutions supposent le courage, l'élan chez celui qui les entend et y répond de tout son cœur. Lorsque le parti est décidé, il faut pouvoir dire à Dieu, comme sainte Thérèse : « Seigneur, votre pauvre enfant vous a-t-il refusé quelque chose ? »

L'Offensive.

Que de fois ce mot est revenu sur les lèvres du Père Dorr ! — Si un seul mot pouvait résumer les Exercices, ne serait-ce pas celui-là ? — Ils sont une entrée en campagne, saint Ignace le dit : *Exercitia spiritualia quibus homo vincat seipsum.* — Se vaincre : dès la première parole, l'objectif est nettement indiqué ; s'il n'est pas atteint, il n'y a pas eu de retraite. Pas d'illusion possible. Tout le reste peut tromper : les consolations, les larmes, la prière, la dévotion elle-même, mais non point la lutte contre nous-mêmes.

Dans chaque méditation, dans chaque examen, le retraitant se porte en avant, il voit ce qu'il veut, ce qu'il doit obtenir, et il le demande avec cette énergie qui est toujours victorieuse.

Il y a de la joie, de l'entrain, cet élan qui convient à la bravoure et qui plaît tant au Seigneur : « *hilarem datorem.* »

Il y a de la générosité. L'âme ne se replie pas douloureusement sur elle-même, examinant ou ce qu'elle a fait ou ce qui lui reste encore à faire, elle ne regarde que ses ennemis.

Il y a de l'ardeur, celle de l'apôtre qui ne s'arrête, ainsi qu'un conquérant, que si le monde lui-même vient à lui manquer : « *ubi defuit orbis.* »

Le compagnon de Jésus est de la race de ces ambitieux qui ne disent jamais : C'est assez !

Il y a de la prudence, celle qui rend toute surprise impossible et ne permet pas au soldat, même dans son repos, de laisser le glaive plus loin que la main.

Tels furent les saints, tels furent les fils héroïques de la Compagnie, l'exemple et l'honneur de leurs Frères ou leur confusion. — Saint Ignace leur a permis d'être contents de leur travail lorsque la gloire de Dieu serait assez grande et que le règne de Jésus-Christ ne pourrait plus reculer ses limites.

L'Examen particulier.

La flèche la plus acérée lancée contre le démon. Tout le monde en voit le mécanisme, bien peu en saisissent l'importance : on prend le corps, on laisse l'âme.

Rien de moins coûteux comme dépense de temps : quelques secondes suffisent au premier réveil, à midi, au soir.

Rien de plus simple : combattre un défaut, le combattre pendant quelques heures, une demi-journée, c'est-à-dire un instant suivi d'un autre instant, mais il n'y a pas autre chose dans la vie.

Rien de moins sujet à l'illusion et de plus clair

que cette demande : As-tu fait ton examen ? as-tu
manqué ton examen ?

Et cependant, par l'examen particulier quotidien, nous mettons en valeur toute notre bonne
volonté. Or, le démon l'avouait : « Nous résistons
à la prière, aux sacrements, disait-il dans un exor-
cisme, nous ne résistons pas à la bonne volonté. »

A cet examen appartient la première pensée
du réveil, — même avant celle de la méditation :
une journée qui commence n'est-elle pas une
bataille qui se décide? Grâce à lui, la vie active est
comme tempérée par la contemplative, la pensée
de Dieu, le souci permanent de sa gloire. Dans la
paix du cloître, le silence de la prière, le solitaire
en aura moins besoin que le prêtre ou le religieux
dans la succession des travaux apostoliques. Une
âme fidèle à ces vaillantes pratiques, où qu'elle
soit, se retrouve et s'appartient : elle est toujours
au service. Les autres devoirs de la piété chrétienne n'ont qu'un temps : l'oraison, la lecture,
l'office ; au contraire. l'examen n'a pas d'interrup-
tion. On dirait, dans une ville assiégée, ce soldat
qui surveille les mouvements de l'ennemi, prêt à
donner l'alarme lorsque quelque péril menacera
les siens.

Quelques-uns n'aiment pas cette arithmétique
dans la dévotion, cet examen minutieux, ce calcul
poussé si loin, cet inventaire dressé chaque jour

et deux fois chaque jour. — Est-ce ainsi qu'il convient d'aller à Dieu ? — C'est du moins ainsi qu'il convient de combattre les ennemis de Dieu, il faut les suivre où ils sont, les battre où on les rencontre, les déloger où ils se cachent.

Que si les grandes âmes aspirent à de grandes choses, qu'elles se rassurent : l'examen particulier a de quoi les contenter et les satisfaire ; avec son énergie, sa précision, sa clarté, il conduit, si l'on veut, aux sommets de la vie chrétienne aussi facilement qu'il aide à ses premiers pas. — Dieu donne cette lumière à quelques-uns et ils ont assez de courage pour lui être fidèles. — Pour eux, l'examen particulier est le moyen de faire l'unité dans la vie, de concentrer leurs efforts, de faire descendre dans la pratique de chaque journée les résolutions de l'oraison qui prolonge celle de la retraite, de marcher d'un pas toujours plus allègre vers Jésus crucifié.

Que l'on veuille acquérir l'humilité, la charité, combattre l'orgueil et l'égoïsme, n'est-ce point sur le Calvaire et sur la Croix que le cœur ira chercher des armes, et de la force pour les manier ?

Dans la lutte contre le démon, il importe de ne pas céder d'une semelle, et la méthode la plus sûre est de faire immédiatement et absolument le contraire de ce que propose le tentateur. — La méditation a-t-elle paru laborieuse, pénible, saint

Ignace conseille d'y ajouter quelques instants. Repousser l'ennemi ne lui suffit pas, il veut le renverser : *ut non solum assuescat resistere adversario, sed etiam illum prosternere.*

L'auteur des *Exercices* n'entend point que le soldat ou le chevalier se résigne à la guerre, il la fait de grand cœur. Lui-même déclare les hostilités et à lui-même.

Pour être insigne, dit la contemplation du Règne, il ne suffit pas de s'offrir, dans toute leur étendue, aux travaux de la guerre, il faut agir contre soi-même, contre sa sensualité, contre son orgueil, contre son amour du monde, de ses aises, contre l'amour-propre.

Tel est le premier principe de cette spiritualité guerrière, en même temps joyeuse et généreuse, ardente et prudente.

La troisième Semaine ou la contemplation de la Passion.

Elle animera notre âme à souffrir généreusement. Cependant pas de suppositions gratuites ou chimériques, pas de douleurs en rêve... nous serions déconcertés et le démon profiterait de notre lâcheté et de notre défiance.

En voyant combien Dieu nous a aimés, nous rougirons d'avoir été si peu loin dans nos résolu-

tions, du moins nous nous attacherons à ce mini-
mum. Mieux vaut le regret de ne pas promettre
assez, que la présomption de trop promettre et de
ne pas accomplir. C'est par prudence que saint
Ignace ne demande pas de prendre notre parti en
face de la croix, nous serions trop émus. Au
moins qu'on se fortifie dans la position qu'on
vient d'emporter.

Le fruit à retirer peut se formuler en deux mots :
Dieu a aimé l'homme d'un amour crucifié ; l'homme
aimera Dieu d'un amour prêt à tout souffrir.

Cette méditation convient à toutes les âmes,
quel que soit leur état.

Elle convient aux hommes apostoliques. Dieu
leur envoie de grandes souffrances, ne serait-ce
que pour les sanctifier.

Elle convient aux pauvres pécheurs, ne serait-
ce que pour les retirer de leurs égarements.

Albert le Grand la préfère au jeûne, à la discipline, à la récitation de tout le psautier. Saint
Bonaventure dit qu'elle transforme l'intelligence
et la volonté, qu'elle est comme un signe de la
gloire future.

DE CE QU'IL FAUT REMARQUER DANS LA PASSION
D'APRÈS SAINT IGNACE

*Regarder ce que souffre Notre-Seigneur dans sa
sainte humanité.* Dieu a souffert dans une chair

innocente, l'homme souffre dans une chair péche-
resse. L'innocence donne un tel prix à sa douleur :
copiosa apud eum Redemptio. Les hommes ordinaires souffrent pour leurs péchés, les grands
saints pour leurs vertus. Ils sont associés à la
Rédemption.

*Regarder non seulement ce que souffre Notre-
Seigneur, mais encore ce qu'il veut souffrir,* « quid
pati vult. »

Il voudrait souffrir mille et mille fois plus pour
tous, pour chacun, pour moi.

Et moi, où en est mon désir ? — Saint Ignace
n'exhorte le retraitant qu'à demander une seule
grâce : la douleur, la compassion.

Mais cette compassion me donnera l'amour, et
cet amour me conduira nécessairement à la douleur : *sine dolore non videtur in amore.*

Oh ! que l'on est fort sur Notre-Seigneur, lorsque
l'on s'appuie sur son cœur crucifié.

Avec cet amour, la misère spirituelle, le dénû-
ment n'ont plus rien d'effrayant ; nous sommes
riches des mérites partagés avec Notre-Seigneur.

Remarquer comment la Divinité se cache. Cet
anéantissement frappe la grande âme de saint
Ignace ; il s'est fait une telle idée de la majesté
infinie.

Pourquoi ne pas me cacher également ? pourquoi vouloir laver les affronts que j'ai reçus, me

venger de mes ennemis? La joie du Père Lamicius était d'aimer tous ceux qui lui faisaient quelque peine, et il avait fait vœu de leur témoigner son amour, au moins par ses prières... Voilà les saints.

Remarquer ce que je dois faire à mon tour, ce que je dois répondre à mon Sauveur.

Pour les personnes du monde, les simples fidèles, le Père de Pontlevoy proposait les résolutions suivantes :

Ne pas commettre le péché mortel, il a crucifié Jésus ;

Ne pas commettre le péché véniel, il ajoute une épine à la couronne de Jésus ;

Ne pas laisser commettre de péché pour ne pas laisser recommencer la Passion de Jésus.

Ou bien, autre réponse plus convenable pour des religieux :

Souffrir autant qu'un autre homme, j'appartiens à la race humaine frappée tout entière ;

Souffrir plus qu'un autre homme, je suis chrétien ;

Souffrir mieux qu'un autre homme ; l'amour est là ;

Souffrir moins qu'un autre homme, se faire une joie de la souffrance. Jésus-Christ a tout adouci par son cœur.

Puis le Père Dorr, suivant son habitude, redescendant à la pratique la plus immédiate, ajoutait :

Que dois-je faire? Je dois au moins bien faire ma méditation, bien faire mon examen, bien faire mes exercices de piété. Je dois au moins m'assujettir à la Règle et aimer en elle-même ce qui me coûte davantage : *mea maxima pœnitentia, vita communis.*

Que dois-je faire? Je dois au moins en fait d'humiliations et de douleurs accepter le fardeau de chaque jour. Les petites humiliations disposent aux plus grandes. Saint François-Xavier l'a dit : « Si on n'est pas fidèle dans les petits sacrifices, on faiblira dans les grandes occasions. »

Que dois-je faire? Me préparer au moins par le désir du cœur, la disposition de l'àme à supporter les humiliations, les affronts, les réprimandes. Que les Supérieurs ne soient plus obligés à prendre des précautions infinies pour me faire une observation.

*
* *

Deux résolutions toutes simples, toutes modestes :

La première : s'attacher à son crucifix. Il a reçu nos vœux, il recevra notre dernier soupir ; le traiter avec respect et amour ; ne pas le laisser dans la poussière.

La seconde : s'attacher au signe de la croix, le faire bien, le faire souvent, si c'est possible avec de l'eau bénite. On gagne plus d'indulgences.

Le signe de la croix est pour tous les fidèles le résumé de la religion. Pour les enfants de saint Ignace, il est comme le résumé des Exercices. Les Exercices suivent sa marche ou son mouvement : on commence par le front, siège de la pensée, on continue par la poitrine où est le cœur, on termine par les épaules, la puissance et l'action. N'est-ce pas aussi une figure du religieux : un homme de raison, un homme de cœur, un homme pratique.

La quatrième Semaine ou la contemplation de Jésus ressuscité.

La quatrième semaine était pour le Père Dorr comme la fête perpétuelle de son amour, son âme était illuminée d'une joie sainte : c'était comme un rayon de la gloire divine de son Maître sorti victorieux du tombeau.

Il disait en expliquant le caractère de ces méditations :

Nous avons suivi Notre-Seigneur depuis la naissance jusqu'à la mort, nous ne pouvons pas le laisser dans le tombeau, ne pas le suivre dans cette vie miraculeuse qu'il va prolonger pendant quarante jours, se refusant au ciel qui l'attend, pour le profit de notre instruction et de notre consolation. Si nous l'aimons, resterons-nous indifférents à sa gloire ? Si nous avons partagé sa douleur, pourquoi ne pas partager sa joie ?

D'autant plus que la tristesse ne va pas à notre nature ; elle la déprime, nous sommes créés pour être heureux, et si nous sommes plus près des larmes que du rire, c'est que nous habitons dans la vallée des larmes. Cependant l'Eglise, Mère admirable, sait tempérer notre peine. Chaque mystère a un aspect consolant ; elle dit bien : *la fête des morts.*

La première semaine a fermé la porte de l'enfer ; la seconde et la troisième conduisent à la porte du Paradis ; la quatrième nous associe à la vie des Bienheureux. De tels mystères sont saints par excellence : l'Eglise le dit encore : *per sanctam resurrectionem tuam.*

De telles contemplations exigent plus de mystère, plus de modestie, plus de silence ; si l'âme n'est pas entièrement recueillie, un élément grossier se mêle à sa joie et en corrompt la pureté, d'autant plus que le terme approche et le démon montrera cette fin d'une vie plus spirituelle qui coûte à notre lâcheté. Lui répondre en disant au Seigneur :

Hélas! mon Seigneur, si peu de temps à rester avec vous.

Ce sont les dernières paroles, elles ont un accent plus suave. Notre-Seigneur est tout entier à la fondation de son Eglise, il met la dernière main à son œuvre, cette main de l'ouvrier qui est plus douce, plus attentive, s'il se peut, quand elle donne le dernier coup. Il accomplit son suprême office de bonté et de charité en consolant les siens.

DU SENTIMENT DE LA JOIE DANS LA QUATRIÈME SEMAINE

Saint Ignace veut que le retraitant demande la grâce de se réjouir... mais de la joie et du bonheur de Notre-Seigneur. Il ne serait pas question de solliciter cette grâce s'il ne s'agissait que d'une joie, bonne et légitime, mais humaine. La joie que nous éprouvons en songeant au Ciel, à la future résurrection est surnaturelle, mais imparfaite, nous y entrons pour une trop large part. La joie que nous voulons ressentir ici prend sa source dans un amour très pur. Nous aimons Notre-Seigneur, nous sommes heureux parce que la douleur et la mort n'ont plus prise sur lui, ce Jésus que nous avons appris à connaître, ce Jésus, avec qui désormais toutes choses nous sont communes, ce Jésus qui, loin de se perdre dans son bonheur, s'oublie encore pour penser aux hommes, ne ressuscite que pour les associer à sa gloire.

Une telle joie nous est recommandée par les Apôtres, par l'Eglise. Que de fois ce conseil nous est donné. Tantôt c'est un commandement, tantôt c'est une prière. La Bienheureuse Vierge Marie, mère de toute grâce, est à la source de la douleur et à la source de la joie : *Causa nostræ lœtitiæ. — Exsultavit spiritus meus in Deo salutari meo.*

Je ne me sens pas porté à la joie, dites-vous. Faites-vous joyeux, chantez intérieurement le *Regina cœli, O filii et filiæ*, suivez Notre-Seigneur dans ses apparitions. Parfois, certaines âmes ressentent de grandes tristesses dans les jours qui nous rappellent les joies et les triomphes de Notre-Seigneur. C'est une tentation et aussi l'occasion de vaincre cette peine et d'entrer dans le sentiment d'une allégresse toute divine. Elle peut subsister entière même, avec notre douleur. Le Père de Ravignan disait sur son lit de mort : « Notre-Seigneur est heureux, cela me suffit. »

Comment ne pas rapporter ici l'une des dernières paroles du Père Dorr, non plus quand il donnait les Exercices, mais quand il souffrait cruellement quelques jours à peine avant la mort : « Jamais, je ne m'ennuie, le temps ne me paraît pas même long. Je prie, je pense que Notre-Seigneur est bien dans le Ciel. Cela me console d'être mauvais et mal sur la terre. »

Charité fraternelle.

Oh ! comme elle resplendit dans les mystères et les apparitions de Notre-Seigneur. Saint Ignace m'avertit de comparer ce que font les amis pour leurs amis dans le monde à ce que fait Notre-Seigneur pour les siens. Un homme outragé, abandonné par ses amis dans un jour d'infortune, s'il revient à la puissance, ne les retrouverait que pour les punir. Qu'il ne songe plus à eux, l'on trouvera son oubli magnanime. Ne pas se venger, c'est le comble d'une vertu humaine. Notre-Seigneur revient vers ses disciples, mais c'est pour les consoler, pour leur prodiguer les marques de sa tendresse, voici du nouveau, voici la révélation du Sacré-Cœur.

Comme elle est touchante l'insistance du disciple, qui a le mieux connu ce Cœur Sacré, à nous recommander la charité fraternelle : *Et nos debemus pro fratribus animas ponere.* C'est le démon qui nous montre les défauts de nos frères et se sert de notre impatience et de notre orgueil pour les exagérer.

Nos frères sont les amis de Jésus, d'autres lui-même.

Quelquefois on voudrait avoir des trésors pour

les répandre au profit de ses frères. Nous avons
un trésor plus abondant : montrons-leur notre
cœur, comme Notre-Seigneur a montré le sien à
Thomas : « *Vide, Thoma, vide latus.* »

Montrons-leur les effets de cet amour qui sait
souffrir et supporter : « *Vide plagas.* »

Il faut bien compatir ; la terre est le pays des
douleurs. Puisque Notre-Seigneur vient, il vient
pour consoler : son cœur est le plus aimant de
tous les cœurs parce qu'il est le plus pur.

Contemplation « ad amorem ».

Comme la méditation fondamentale, la contemplation *ad amorem* sort du cadre des Exercices.
Elles ne lui appartiennent, l'une que comme intro-
duction, l'autre que comme conclusion.

Dieu et Dieu seul se trouve au point qui commence et au point qui finit. On sort de lui pour
rentrer en lui.

Entre ces deux points extrêmes, si on a rencontré le Seigneur Jésus, c'est parce qu'il est le
chemin qu'il faut prendre pour aller à Dieu, *ego
sum via*. Ici, dans cette dernière contemplation,
il n'apparaît plus que comme le don de Dieu.

Les principes de la fin sont ceux du commencement ; mais ils supposent une âme plus élevée,

d'ailleurs ils se répondent. La méditation fondamentale nous dit que notre devoir est de louer Dieu, de le révérer et de le servir. La contemplation *ad amorem* nous aide à remplir le devoir de la *louange*, en nous montrant Dieu tirant toute sa création du néant ; le devoir du *respect*, en nous montrant Dieu présent dans ses créatures ; le devoir du *service*, en nous montrant Dieu qui nous offre son concours et nous aide en toute chose à marcher vers notre fin.

Le fondement établit la nécessité de l'indifférence entre les créatures ; la contemplation *ad amorem* rend cette indifférence facile, lorsqu'elle nous découvre en Dieu la source éternelle d'où s'épanche dans la création toute vérité, toute beauté, toute bonté.

Remarques sur l'amour de Dieu.

En lui nous avons :

La réparation du passé. — Notre-Seigneur en pardonnant à Pierre lui demande s'il veut l'aimer : « *Petre, amas me ?* »

Le devoir du présent. — L'amour se refuse, s'il a un fardeau qui lui vient de l'objet aimé.

La préparation de l'avenir. — Quelle meilleure sécurité vis-à-vis de Dieu que l'amour de Dieu ! On recommandait à Ozanam mourant de n'avoir pas peur de Dieu : « Comment craindrais-je, répondit-il, celui que j'ai tant aimé ! »

Oh ! que l'amour des hommes est différent de l'amour de Dieu.

Les hommes donnent peu, à peu de personnes, et pour peu de temps. Dieu donne libéralement à tous et pour toujours.

Volontiers l'amour humain cherche des ténèbres pour s'aveugler, et l'amour divin donne la lumière pour illuminer les perfections infinies.

L'amour de l'homme est faible et craintif ; l'amour de Dieu inspire la force et la confiance. Dieu ne meurt pas : il est tout puissant.

Les flammes de l'amour divin sont nécessaires pour éteindre les flammes de l'enfer. Qu'est-ce que l'enfer, sinon Dieu qui se venge de n'avoir pas été aimé.

L'amour-propre est l'obstacle à l'amour de Dieu ; celui-ci ne peut entrer que si celui-là est sorti. Les humbles sont toujours près de Dieu. Le chemin de l'humilité est suivi par la charité.

Le Sens catholique ou les Règles d'orthodoxie.

Les dernières recommandations du Père Dorr semblables à celles de saint Ignace étaient d'aimer notre Mère la sainte Eglise hiérarchique.

Elle est l'œuvre des missionnaires envoyés par le Père pour la fonder : le Verbe et l'Esprit.

Elle a été achetée par le Fils, au prix du sang, *acquisivit sanguine suo.*

Elle est assistée par l'Esprit. Elle est née le jour où il est descendu pour demeurer sur elle.

Ayons l'ambition de la défendre, de lui donner des fils, de lui susciter des soldats.

Saint Ignace dépose celui qui sort des Exercices dans la main et sur le cœur de l'Eglise.

Mais l'Eglise et le Pape, c'est tout un, disait saint François de Sales répétant la parole de la tradition : *ubi Petrus, ibi ecclesia.*

L'Eglise ne peut être notre mère qu'à une condition, c'est que le Pape soit notre père.

TABLE DES MATIÈRES

Abbeville. — Imprimerie C. Paillart.